Eva-Maria Leeb

JugendChorLeitung

Impulse für eine ansprechende und erfolgreiche Jugendchorarbeit

Herausgegeben vom
Deutschen Chorverband PUERI CANTORES e. V.

ConBrio Verlagsgesellschaft 2021

Impressum

Lektorat, Layout, Satz: Juan Martin Koch
Fotos: Uwe Moosburger / www.altrofoto.de
Druck: druckhaus köthen GmbH & Co. KG

CB 1298
ISBN 978-3-940768-98-8

www.conbrio.de

Inhalt

VORWORT

In diesem Handbuch sind Gedanken, Ideen und Erfahrungen rund um den Bereich Jugendchorleitung zusammengefasst. Die Intention war nicht, ein Kompendium für den Gesamtbereich Kinder- und Jugendchorleitung zu schaffen, sondern vor allem die Themengebiete herauszugreifen, die sich von den Charakteristika der Kinderchor- und Erwachsenenchorleitung unterscheiden.

Mir liegt die Geschlechtergerechtigkeit sehr am Herzen. In der schriftlichen Kommunikation verwende ich gerne das Gendersternchen, in Vorträgen und Kursen auch die entsprechende Aussprache. Zweifelsohne möchte ich mit meinen Impulsen alle Personen gleichermaßen ansprechen. Nichtsdestotrotz habe ich aus rein praktischen Gründen jeweils einheitlich-maskuline Formulierungen gewählt. Und doch möchte ich hiermit nochmal versichern: Alle Angaben beziehen sich auf Personen jedweden Geschlechts, sind also per se geschlechtsneutral.

Mein persönlicher Dank geht

» an alle meine lieben Sänger, die dieses Konzept in den von mir geleiteten Chören passiv mitentwickelt und aktiv ausprobiert haben ,
» an den Deutschen Chorverband PUERI CANTORES e.V. für die freundliche Unterstützung dieses Projekts,
» an Kollegen und Freunde für den fruchtbaren Austausch
» und nicht zuletzt an Christine und meinen Vater für sämtliche Formulierungshilfen und Korrekturen.

Ich wünsche Ihnen viel Freude beim Lesen des Buches und viel Erfolg bei der Umsetzung der Impulse in Ihrem Jugendchor!

Eva-Maria Leeb, im Oktober 2020

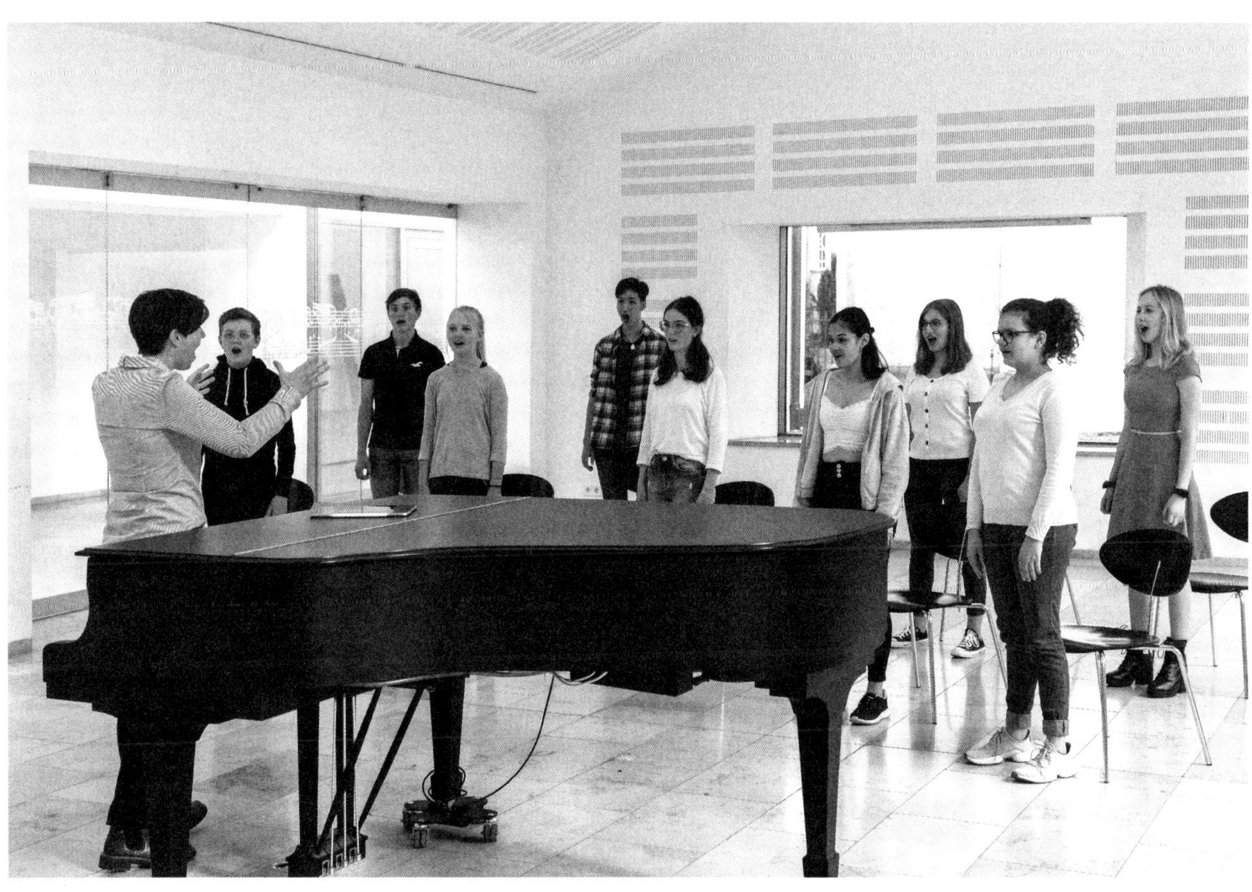

EINLEITUNG

Die Arbeit mit Jugendlichen liegt mir nicht nur sehr am Herzen, sie bildet generell das Herzstück innerhalb der chortypischen Sparten, denn sie umfasst die wahrscheinlich spannendste Phase der Entwicklung: Die Sänger wechseln (noch) als Kinder in den Jugendchor und verlassen diesen als Erwachsene. Die in dieser Zeit stattfindende musikalische, körperliche und kulturelle Entwicklung als Chorleiter begleiten zu dürfen, ist eine besondere Aufgabe. Die größte Chance besteht darin, den Übergang vom spielerischen Singen im Kinderchor zu einem feinen, differenzierten musikalischen Gespür aktiv mitzugestalten und in diesem Kontext positive Emotionen erfahrbar zu machen. Wenn letztere sich durchsetzen, dann wird das prägend sein für weitere Choraktivitäten. Chorsänger von den ersten musikalischen Gehversuchen bis in den Erwachsenenchor begleiten und führen zu dürfen, erfüllt jeden Chorleiter mit Stolz und Freude.

Sicherlich ist nicht jede Arbeitsphase geprägt von einer durchgehend positiven Grundstimmung und eitlem Sonnenschein. Die Entwicklungsphasen im Jugendalter können in diesem Chorkontext nicht aus allen psychologischen Blickwinkeln betrachtet werden. Aber man muss sich als Chorleiter bewusst sein, dass aus dem einst aufmerksamen, begeisterungsfähigen Kind aus dem Kinderchor im Zuge der pubertären Veränderungen schnell ein anderweitig interessierter oder wenig motivierter Jugendchorsänger werden kann.

Diese Zurückhaltung betrifft auch das gesamtheitliche Erleben der Musik. Jungen wie auch Mädchen bewegen sich nicht mehr so ungezwungen. Stimmungswechsel können von Probe zu Probe, von Lied zu Lied oder auch wochen- und phasenweise auftreten. Konflikte, die diese oft als „schwieriges Alter" betitelte Entwicklungsstufe mit sich bringt, lassen sämtliche Stimmungslagen zu: menschlicher, aber auch musikalischer Art. Gehen wir davon aus, dass der grundsätzliche Wille, Teil der Chorgruppe zu sein, weiterhin vorhanden ist. Auch dann, wenn es der eine oder die andere zeitweise ganz gut verstecken kann. Wenn die Bereitschaft gegeben ist, Leistung, Konzentration und sein Können in die Chorgruppe einzubringen, erfahren die Jugendlichen auch die Selbstbestätigung, die sie vor allem in diesem Alter dringend brauchen. Die selbstkritische Auseinandersetzung mit eigenen Kompetenzen kann dabei Basis und Perspektive zugleich sein für Entfaltung und Fortschritt. Diese bewusste Auseinandersetzung der Jugendlichen mit dem, was sie tun und erreichen wollen, ist ein absolut positiver Effekt ihrer geistigen und charakterlichen Entwicklung. Warum also sollte man das als Chorleiter nicht auch nutzen können?

Die bereits angedeutete feinere Differenzierung im Unterschied zum vorangehenden Kinderchor zeigt sich in den äußerlichen, musikalischen Parametern: Musikalische Fachbegriffe werden eingeführt, musiktheoretische Beziehungen werden konkretisiert, inhaltliche und historische Zusammenhänge werden vermittelt. Den aber nicht minder wichtigen und schwierigeren emotionalen Part muss man freilich mit viel Sensibilität angehen: Eine zielführende und motivierende Chorarbeit schafft Selbstvertrauen. Der Synergieeffekt aus Zutrauen / Forderung und Erfolgserlebnis / Weiterentwicklung wird spürbar sein.

In diesem Sinne werden die einzelnen Kapitel in diesem Buch mit einem gewissen „Wunschvorstellungs-Filter" betrachtet. Das schließt nicht aus, dass sich in der Arbeit mit dem Jugendchor auch Graustufen oder Sepia-Farben über gewisse Muster legen. Dann gilt immer wieder von Neuem *„Done is better than perfect"*, um letzten Endes ein kreatives und farbenfrohes Bilderalbum zu erhalten.

ORGANISATORISCHE STRUKTUREN

Altersstruktur

Ein sicherlich sehr häufig und kontrovers diskutiertes Thema im Jugendchorbereich ist die Frage nach der Altersstruktur.

Per Definition sind Jugendliche Personen zwischen dem 14. und dem 18. Lebensjahr. Wenn wir diese Altersspanne auf alle Chöre anwenden, die für sich den Zusatz „Jugend" beanspruchen, dann wären die Mitglieder insgesamt wohl sehr viel dünner gesät als im tatsächlichen Zustand. Die Gründe dafür sind unterschiedlicher Natur. Ob dieses Faktum durch finanzielle, zeitliche oder personelle Gegebenheiten bedingt ist, spielt dabei keine Rolle. Es wird zu diesem Thema keine Musterlösung geben. Denn in erster Linie muss man den lokalen Voraussetzungen Rechnung tragen. Aber es gibt bessere und weniger geeignete Beispiele, die ich im Folgenden darstellen und erörtern möchte.

Im Kinderchorbereich gilt es eigentlich nur eine signifikante Entscheidung zu treffen: Dürfen die Kinder bereits vor Schuleintritt zu den Chorproben kommen oder erst dann, wenn sie schon lesen lernen bzw. können? (Wenngleich sich mir immer wieder die Frage stellt, warum Singen so häufig mit der Bedingung, lesen können zu müssen, verknüpft sein muss.) Ist diese Problematik geklärt, dann sind auch die folgenden Chorjahre geklärt. Schwierig wird es spätestens wieder beim Wechsel an eine weiterführende Schule. Dieser bringt in der Regel eine vollkommen neue Formation mit sich: neue Schule, neue Fächer, neue Freunde, neue Interessen. Ganz häufig lassen sich diese Faktoren nicht mehr mit dem vorher noch so leicht zu begeisternden Kinderchor vereinbaren. Zusammen mit Erstklässlern im Chor singen? Unvorstellbar. Sich für die mühsam kindgerecht aufbereiteten Liedeinstudierungsmaßnahmen des Chorleiters begeistern? Schwierig. Nur wenige Kinder in diesem Alter entdecken den Beschützerinstinkt in sich oder erkennen ihre Vorbildfunktion gegenüber den anderen. Nicht zuletzt deshalb wäre es wünschenswert, bereits im Kinderchor zwei Alterskategorien zu unterscheiden. So könnte man die Vorschulkinder bereits an den Chor gewöhnen – damit entfällt für besorgte Eltern gleichzeitig die Barriere, dass mit Schulbeginn nicht noch mehr Neues auf das Kind einbrechen soll – und man kann vielleicht noch ein, zwei Jahre länger auf die Dienste der Ältesten im Chor bauen.

Nichtsdestoweniger wird man um die Entscheidung, ab welcher Alters- bzw. Jahrgangsstufe ein sinnvoller Wechsel in den Jugendchor gerechtfertigt ist, nicht herumkommen. Die Erfahrung zeigt, dass ein Wechsel in der Gruppe deutlich besser angenommen wird, weshalb für mich die Grenzen generell an Jahrgangsstufen gebunden sind. So kommt es nicht zur Entzweiung gut befreundeter Sangesfreunde aufgrund weit auseinander liegender Geburtsdaten. Nebenbei bemerkt: Es könnte ein Vorteil sein, wenn der Zeitpunkt des Wechsels nicht mit dem Schuljahr, das ja meist als Vorlage für das Chorjahr dient, sondern mit dem Kalenderjahr einhergeht. Überlegungen, ob der Chorwechsel in Verbindung mit den Herausforderungen eines neuen Schuljahres einem zu viel abverlangen würde, können so ganz leicht entschärft werden.

Sollte der Kinderchorbereich bereits in mehrere Chorgruppen unterteilt sein, so wird man das Ziel Jugendchor noch etwas nach hinten verschieben und die festgelegte Altersangabe von 14 Jahren aufgreifen können. Gibt es hingegen nur einen, viele Altersschichten umfassenden Kinderchor, wird der Wechsel schon früher sinnvoll erscheinen. Bei Betrachtung aller entwicklungspsychologischen Faktoren sollte die Untergrenze nicht unter das 12. Lebensjahr wandern.

Für den Großteil der Chöre und Chorleiter wird die Differenzierung durch Lebensjahre ausreichend sein. Gerade in größeren Chören, sei es an Musikschulen oder in Kantoreien, gibt es aber auch die Differenzierung durch Leistung. Vergleichbar mit dem (Jugend-)Blasmusikwesen rückt man nach bestandener Leistungsprüfung (im Falle vieler Blaskapellen ein Leistungsabzeichen) in die nächste Gruppe vor. Abgesehen davon, dass man meiner Ansicht nach jedem Jugendlichen die Möglichkeit des Singens in der Gemeinschaft ermöglichen sollte, bleibt die Frage, wie man mit einem Sänger oder einer Sängerin umgehen soll, dessen Fähigkeiten offensichtlich ein Stück weit hinter denen der anderen zurückbleiben. Wenngleich diese Vorgehensweise sicherlich im Idealfall gesunden Ehrgeiz und Ansporn zu fördern vermag, plädiere ich – unabhängig vom Leistungsniveau des Chores – eher für eine aufgeschlossene Form der Neuaufnahme von Sängern in jeder Altersgruppe.

Für weniger Diskrepanz sorgt das Alterslimit nach oben hin. Gibt es einen Erwachsenenchor, was im Hinblick auf ein lückenloses Singangebot wünschenswert ist, so ist das Ziel klar definiert: ein Wechsel in die nächste Stufe. Ein Jugendchor, in dem auch noch Zwanzig- und Dreißigjährige singen, erfüllt für mich den Zweck nicht. Auch hier gibt es Grenzen. Man kann diese an Schulaustritte (Vorsicht bei unterschiedlichen Schulformen!) binden oder sie wiederum an einem Lebensjahr festmachen. Für mich ist die Obergrenze spätestens mit dem 20. Lebensjahr oder, wenn man es noch etwas hinauszögern möchte, mit dem Ende der Ausbildung erreicht. Spätestens dann, aber vielleicht auf eigenen Wunsch ja auch schon früher, erfolgt der Schritt zur nächsten Stufe. Eine angemessene Selbsteinschätzung kann man mit zunehmender Erfahrung durchaus voraussetzen.

Was bleibt, ist der Erzfeind des Chorleiters: Schulabschluss, Ausbildung, Studium; in den meisten Fällen verbunden mit Ortswechsel, Zeiteinschränkungen und Neuorientierung. Oft ist es aus rein praktischen oder organisatorischen Gründen nicht mehr möglich, das Hobby fortzuführen, auch wenn das Interesse noch so groß ist. Dieser Umstand ist zwar ärgerlich, aber wenn in den Jahren vorher gute Arbeit geleistet wurde, ist der musikalische Weg für die Zukunft geebnet. Der Zugang ist geschaffen und eine gewisse Grundausbildung vorhanden. Vor diesem Hintergrund lässt sich auch später wieder die Tür zu anderen Probenräumen leichter öffnen.

Anhand dieser Überlegungen stelle ich drei Konzepte vor, die man entsprechend den lokalen Gegebenheiten adaptieren kann (siehe unten und gegenüberliegende Seite). Aus allen Modellen wird ersichtlich, dass der Jugendchor das Herzstück und gleichzeitig Bindeglied ist.

Kinder für das Singen zu begeistern, ist bei einigermaßen geschicktem Vorgehen gar nicht so schwer. Das gemeinsame Singen mit Freunden im Chor ist durch den entwicklungspsychologischen Umstand, dass Freundschaften durch gemeinsame Interessen definiert werden, sogar bis zu einem gewissen Grad steuerbar. Diese Begeisterungsfähigkeit lässt bei Jugendlichen nicht zuletzt durch pubertäre Einflüsse nach. Dementsprechend wichtig ist es, dass die Grundlagen bereits in frühen Jahren gelegt werden. Dazu zählen scheinbar banale Faktoren wie schon einmal in der Gruppe gesungen zu haben oder schon einmal mit einem Notenblatt konfrontiert worden zu sein. Es ist relativ unwahrscheinlich, dass sich jemand überhaupt erst in späten Jahren dem Hobby Chorsingen widmet, wenn er vorher noch nie damit in Berührung kam.

Der Jugendchor kann aber auch deshalb als Herzstück angesehen werden, weil es im Hinblick auf die musikalische Prägung (unabhängig vom persönlichen Stellenwert des Singens) notwendig ist, in dieser Phase des Lebens an der Musik festzuhalten. Wie auch in anderen Bereichen, seien diese religiöser, pädagogischer oder kultureller Natur, setzen sich Erlebnisse und die damit verbundenen Emotionen fest. Alles, was in dieser Entwicklungsphase ausbleibt, kann kaum mehr adäquat aufgeholt werden.

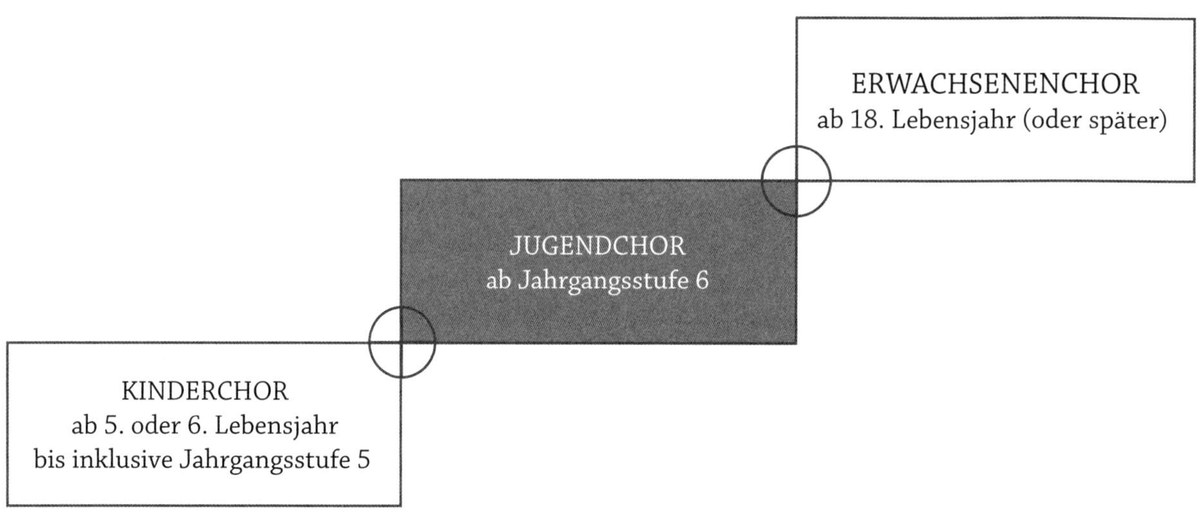

Modell A

Dieses Modell ist das wohl gängigste und vor allem für kleinere Institutionen bzw. Gemeinden gedacht, deren personelle und finanzielle Möglichkeiten enger gesteckt sind.

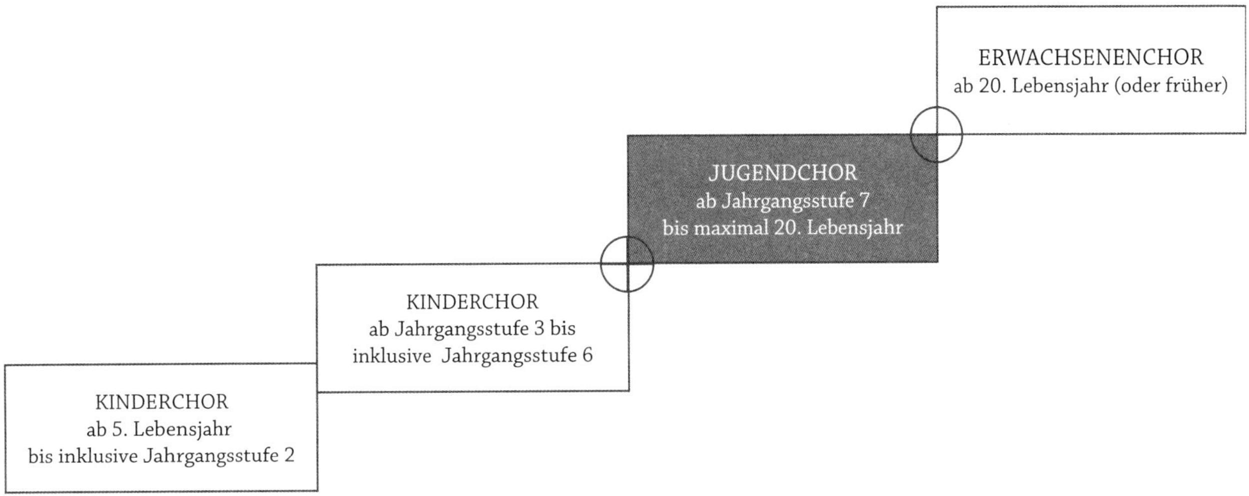

Modell B

Ein differenzierteres Modell für alle Institutionen, denen eine stufenweise angepasste musikpädagogische Ausbildung möglich ist.

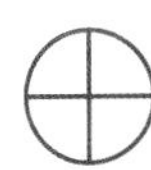

Für die Modelle A und B kann man während der Übergangsphase zusätzlich Extra-Einheiten integrieren, um den Wechsel vorzubereiten. Dazu ist schon eine Viertelstunde vor oder besser nach der Probe (dann ist die Stimme bereits eingesungen) ausreichend, um die Wechselkandidaten ein bisschen mehr zu fordern und zu fördern.

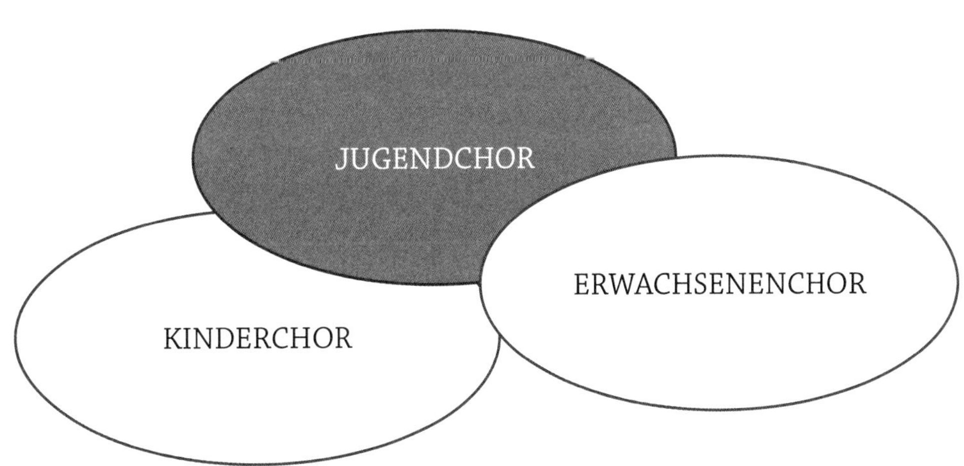

Modell C

Dieses Modell zeigt einen Mehrgenerationen- oder Familienchor und steht stellvertretend für alle Mischformen. Hier kommt, genau wie bei einer pragmatischen Mischung eines eingruppigen Kinder- und Jugendchores, die gezielte altersgerechte Förderung musikalischer Elemente immer zu kurz. Die Beweggründe dafür bilden andere Aspekte, nämlich soziale, ideelle, vielleicht sogar karitative, oftmals orientiert an gewohnten Abläufen oder auch bedingt durch eingeschränkte personelle Strukturen. Auch intergeneratives Singen (z. B. Jugendchor mit Seniorenchor kombiniert) ist als spannende Alternative denkbar, sowohl projektweise als auch als feste Einrichtung.

Der Jugendchorleiter

Lehrer, bester Kumpel oder cooler Hipster? Leider ist es eine weit verbreitete Meinung, dass ein Jugendchorleiter jung sein muss – wie auch immer sich die Grenzen aus subjektiver und objektiver Sicht gestalten mögen. Aber ist es nicht vielmehr so, dass es sehr schnell peinlich wird, wenn man unabhängig von den Lebensjahren versucht, cool und hip zu wirken, um die Jugendlichen und deren Gemüter zu erreichen und zu beeindrucken?

In allererster Linie ist man Gruppenleiter, Verantwortlicher, Organisator und Ansprechpartner in einem. Wer sich auf dieses Abenteuer einlässt, muss sich all dessen mit all seinen Folgen bewusst sein. Dazu gehört auch, sich entsprechend präsentieren zu können: selbstbewusstes Auftreten, feste Stimme, überzeugendes Erscheinungsbild. Apropos: In der Regel spielt der erste Eindruck eine wichtige Rolle, sei es beim Kennenlernen des Chores oder auch beim wöchentlichen Probeneinstieg. Da werden die oben aufgeführten Parameter intuitiv gescannt und abgespeichert. Krawatte oder Jogginghosen wären wohl gleichermaßen fehl am Platze. Auch wenn die angesagten Sneakers und die Trendfrisur vielleicht beim ein oder anderen Jugendlichen gut ankommen mögen, so steht doch die musikalische Kompetenz im Vordergrund. ‚Angemessen' ist das einzige Adjektiv, das sich als Maßstab für das äußere Erscheinungsbild eignet. Je positiver der erste Eindruck der Sänger ausfällt, desto leichter dürfte es dem Chorleiter fallen, ein gutes Ergebnis zu erzielen.

Die Chorleiter-Persönlichkeit sollte klar definiert sein: Wie möchte ich arbeiten? Passt diese Arbeitsweise zu den Sängern? Passt sie zum gesamten Chor? Bin ich streng, locker, fordernd, verständnisvoll? Mit der Beantwortung dieser Fragen ist gleichzeitig eine Stilrichtung vorgegeben. Die musikalischen Parameter spielen dabei zweifelsohne eine bedeutende Rolle: Ein überzeugender Leiter kann ich nur dann sein, wenn ich entsprechendes Wissen und Können mitbringe. Dazu gehören neben einer fundierten Ausbildung und der steten Weiterbildung vor allem auch eine gewissenhafte Vor- und meist unterschätzte Nachbereitung der Chorproben und Auftritte. Zu einer strukturierten Chorarbeit gehört aber auch eine mittel- und längerfristige Planung, eine konkrete Zielsetzung, die bestenfalls gemeinsam angestrebt wird.

In keinem Chor anderer Altersklassen spielen jedoch zwischenmenschliche Gegebenheiten so eine große Rolle wie bei der Jugend. Der wichtigste Faktor hierbei: Vertrauen. Dieses Vertrauen kann ich nur erlangen, wenn ich unabhängig von Termindruck und zielorientiertem Probenplan Verständnis für schulische, persönliche und eben auch zwischenmenschliche Probleme aufbringen kann. Der Chorleiter verurteilt niemanden für seine Laune, er ist nicht nachtragend ob einer (zu) emotionalen Bemerkung. Der Chorleiter muss aber ebenfalls nicht den besten Kumpel mimen und sich auf dieselbe Stufe stellen – ganz im Gegenteil: Er sollte seinen Prinzipien treu bleiben. Schließlich gilt es, die Gruppe zu führen und zu leiten. Im Idealfall ergibt sich daraus sogar eine Art Vorbild für die Jugendlichen. Wohl dem, der es schafft, konsequent und zugleich ruhig und gelassen zu bleiben und für eine lockere und doch konzentrierte Stimmung zu sorgen. Ein flexibler und dynamischer Chorleiter verspricht Spannung und Motivation. Unabhängig von inneren und äußeren Gegebenheiten schaffe ich das nur dann, wenn ich überzeugend bleibe: unverfälscht und authentisch.

Probenraumkonzept

Nicht immer ist man in der Situation, den Probenraum nach Wunschvorstellungen auswählen zu können. Faktoren wie hell, freundlich, großzügiges Platzangebot und dazu noch eine angenehme Akustik stehen auf den ersten Blick ganz oben auf der Prioritätenliste. Während man bei wenig Auswahlmöglichkeiten die Raumgröße und Akustik betreffend als Chorleiter schnell an Grenzen stößt, kann man relativ leicht und notfalls mit technischen Hilfsmitteln für helles und möglicherweise sogar dimmbares Licht sorgen. Stimmung sowie Atmosphäre des Probenraumes können meist mit wenigen Hilfsmitteln wie Wand- und Farbgestaltung oder Einrichtungsgegenständen verändert werden.

Spätestens auf den zweiten Blick sollte man jedoch folgenden Komponenten einen entsprechend hohen Stellenwert beimessen: der Erreichbarkeit des Probenortes sowie vor allem den Lüftungsmöglichkeiten im Raum. Ein zentral gelegener Probenraum ist mit dem Fahrrad und zu Fuß oder in Städten auch mit öffentlichen Verkehrsmitteln gut zu erreichen. Rein pragmatisch betrachtet sind die Jugendlichen dann nicht zwingend auf das Elterntaxi angewiesen. Und einem Jugendlichen ist es zuzutrauen, sich sinnbildlich alleine „auf den Weg zu machen" und Eigenverantwortung zu übernehmen. Die außerdem genannten Lüftungsmöglichkeiten werden in vielerlei Hinsicht benötigt. Frische Luft steht in dem Zusammenhang nicht nur für Sauerstoffzufuhr, sondern sie wird gleichermaßen als Stimulans eingesetzt. Energie und Schwung sind nicht zuletzt einer besseren Intonation dienlich.

Ein Chorraumkonzept sollte in jedem Fall auch Stühle vorsehen, die eine gute sängerische Haltung zulassen. Der durch Friedhilde Trüün bekannt gewordene Begriff des „Stitzens“[1] (Mischung aus stehen und sitzen) ist chorisch sinnvoll und als Kompromiss bei den Jugendlichen durchaus beliebt. Ermöglicht wird dies durch das aufrechte Sitzen auf der vorderen Stuhlkante. Das ist nur möglich, wenn sich die Sitzfläche nicht zu sehr nach hinten neigt oder nach unten wölbt. Armlehnen sind ebenfalls eher hinderlich. Ob diese Stühle auf Lücke versetzt stehen, in Halbkreisen oder gerade angeordnet sind oder sogar Stufen vorhanden sind bzw. sein sollen, auf denen die Sänger aufgereiht werden, ist nach baulichen Gegebenheiten, aber auch nach probenmethodischen und dirigentischen Vorlieben abzuwägen. Wenn die hinterste Reihe sehr viel höher sitzt als die vorderste, wird das auch Auswirkungen auf die Körpersprache des Dirigenten haben (z.B. assoziiert ein hohes Dirigat Hochatmung).

Wenn dagegen ein großer Chor in (zu) vielen Reihen hintereinander sortiert ist, gestaltet es sich schwieriger, jedem Sänger uneingeschränkten Blickkontakt zu ermöglichen. Wichtig ist, dass die Bewegungen im Sinne der nonverbalen Kommunikation vom gesamten Chor gelesen werden können. Sofern der Chorleiter nicht über den Luxus eines Korrepetitors verfügt, gilt Ähnliches auch beim Klaviereinsatz während der Probe. Aufrecht stehend zu den Tasten eines Flügels zu greifen, bedeutet trotz des weiteren Abstands zum Chor weniger Barriere als hinter dem Korpus eines Klaviers verdeckt zu werden. Der Einsatz eines E-Pianos birgt hier viele Vorteile: Es muss nicht gestimmt werden, es ist leicht zu transportieren und schnell zu drehen, der Chorleiter ist aus allen Perspektiven gut sichtbar und die Transponier-Funktion kann als spontane Hilfe dienen. Dem Chorleiter ist es ohne Reduktion möglich, mit aufrechtem Oberkörper frontal zum Chor zu stehen, präsent zu sein.

Vor- und Nachteile beim Instrumenteneinsatz sollen hier prüfend genau bedacht sein, auch im Zusammenhang mit der Choraufstellung. Ein Chorleiter muss sich deshalb immer bewusst sein, dass er mit Hilfe von Mimik, Gestik, der Körperhaltung und des gesamten Erscheinungsbildes gesangstechnische und musikalische Verknüpfungen unmittelbar transportieren kann.

Vernetzung

Der Punkt Vernetzung muss von mehreren Seiten betrachtet werden.

Mit den Jugendlichen

Da gilt es zunächst einmal, untereinander mit den Chormitgliedern gut verbunden zu sein. Man darf und soll die Jugendlichen selbst in die Pflicht nehmen. Es entspricht einem gewissen pädagogischen Auftrag der musikalischen Leiter, den Teenager auch im Freizeitbereich zur eigenständigen Verantwortung zu erziehen. In diesem Alter kann man erwarten, dass der Sänger sich selbst frühzeitig beim Chorleiter abmeldet, wenn man an einer Probe oder bei einer Aufführung nicht teilnehmen kann. Das sollte dann aber auch auf vielen Wegen, also auch mit einer Nachricht per Messenger-Dienst, erlaubt sein.

Die Vernetzung kann darüber hinaus auch über diverse Plattformen stattfinden. Der Instagram-Account des Jugendchores beispielsweise dient dann nicht nur als Werbeplattform, sondern auch der Interaktion. Man holt die Jugendlichen aus ihrer Lebenswelt ab und versorgt sie mit ansprechendem Content. In Form von Posts, Umfragen und Abstimmungen kann jeder aktiv mitgestalten.

Mit den Eltern

Natürlich müssen die Eltern über die Termine und Vorhaben des Chores informiert werden. Unabdingbar ist es, regelmäßige Elternbriefe mit wichtigen Informationen sowie Probenpläne mit allen Terminen der nächsten Monate per Mail zu verschicken (Empfehlung: minimal Quartalsplanung; besser: Jahresplanung mit den wichtigen Auftrittsterminen). Auch ein Elternabend sollte bei Bedarf in Erwägung gezogen werden.

Gegenseitiger Austausch nach Chorterminen kann für einen Chorleiter nur von Vorteil sein: Man lernt die Personen, Eltern wie Jugendliche, kennen und vielleicht auch verstehen. Ob schulische Probleme, Engagements in Vereinen oder oftmals auch die persönliche, familiäre Situation: Gerade im Verlauf der Pubertät mitsamt Sinn- und Orientierungssuche ist dieses Hintergrundwissen oftmals hilfreich.

1 Friedhilde Trüün: Sing Sang Song III, Praktische Stimmbildung für Jugendliche, Stuttgart 2018, S. 15, Abschnitt „Atmung“.

Es ist ein Geben und Nehmen auf beiden Seiten. Als Chorleiter kann ich die Eltern auch in diverse Aufgabenbereiche mit einbeziehen: Fahr- und Aufsichtsdienste bei Ausflügen oder Konzertfahrten, kulinarische Unterstützung an Probentagen, Kartenverkauf. Bei Aufführungen von Musicals finden sich sicherlich auch handwerklich begabte Mütter und Väter für den (Auf-) Bau des Bühnenbildes oder auch für das Organisieren der Outfits, der Licht- und Tontechnik.

Der wichtigste Beistand von Elternseite findet jedoch zu Hause statt: Wenn die Eltern dem Hobby des Jugendlichen positiv gegenüber stehen, an Termine erinnern, in den durchaus auch bei engagierten Sängern üblichen Null-Bock-Phasen motivieren weiterzumachen, dann ist das für jeden Chorleiter enorm hilfreich. Wie bei jedem Hobby ist dieses Alter oft ausschlaggebend, ob es weiterverfolgt wird oder nicht. Die Jugendlichen sind auf der Suche nach ihrer Identität. Nur mit der Anerkennung, der Motivation und der Wertschätzung des Hobbys können mögliche Phasen des Zweifels überstanden werden.

Mit den Schulen

Um potenzielle Neumitglieder akquirieren zu können, ist Netzwerken auf sämtlichen Ebenen gefragt. Kontakte zu den Schulen in der Umgebung sind ebenso wichtig wie die Kooperation mit der lokalen Presse. Dabei kommt dem persönlichen Kontakt zu Ansprechpartnern besonders hohe Relevanz zu, da diese oftmals schnell und unkompliziert weiterhelfen können. So sind regelmäßige, aber auch spontane Werbeaktionen möglich. Im schulischen Kontext bergen Ganztagesangebote und Wahlfachnachmittage große Chancen in sich. Obwohl der pädagogische Wert des (gemeinsamen) Singens bekannt ist, kommt es in schulischen Belangen oft zu kurz. Bei Weitem verfügt nicht jede Schule über einen Chor oder ausgebildete Musikfachkräfte. Wenn dem so ist, sollte man die Initiative ergreifen und eine Kooperation anbieten. Durch das Kennenlernen der Chorfachkraft im Schulkontext kann der nächste Schritt zum externen Jugendchor leichter fallen.

Mit lokalen Vereinen und Institutionen

Die Steigerung wäre sodann die Einbindung in vereinspolitische Aktivitäten, sowohl von kirchlicher als auch von weltlicher Seite. Vielfältige Auftritte und Konzerte eines Jugendchores sind Werbung im besten Sinne. Gelegenheiten dazu gibt es viele: Umrahmung von Vereinsjubiläen und Stadt(teil) festen, Aktionen auf Weihnachtsmärkten und Frühlingsfesten, Mitgestaltung von Gottesdiensten und Pfarrfesten und viele mehr. Dazu ist es wichtig, Kontakt zu den entsprechenden lokalen Vereinen und Institutionen aufzubauen und aufrecht zu erhalten. Das gilt sowohl für den Chorleiter selbst als auch für die Chorgruppe an sich. Feste und Aktivitäten dienen fernab von Verpflichtungen als Gelegenheit, um ungezwungen zusammenzukommen und sich kennenzulernen.

Mit der Presse

Während die wöchentliche Probe im Terminkalender der Tageszeitung fester Bestandteil sein kann, soll und darf man darüber hinaus in gewisser Weise stets präsent sein. Da geht es nicht um die bloße Vor- und Nachberichterstattung bei Konzerten, die selbstverständlich Teil eines Netzwerkes sind. Auch jährliche Wasserstandsmeldungen in Form von Berichten und Dokumentationen über Mitgliederzahlen (Positivmeldungen!) und Aktivitäten sorgen dafür, dass der Chor in der Öffentlichkeit immer wieder in Erscheinung tritt. Für die Chormitglieder ist das gleichzeitig eine wertschätzende Reflexion des eigenen Engagements. Wenn dieser Bericht vom entsprechenden Zeitungsverlag auch in den Sozialen Medien gepostet wird, erhöht sich die Reichweite ungemein, nicht zuletzt über die Teilen-Funktion. Ideal ist es, wenn Angebote für Schnupperpakete und Kontaktadressen gleich mit enthalten sind.

Mit den Verbänden

Für Chor und Chorleiter ist es gleichermaßen lohnenswert, Mitglied eines Verbandes (Deutscher Chorverband Pueri Cantores e.V., Deutsche Chorjugend e V. u.ä.) zu sein. Regelmäßige Literatur-Updates, Fortbildungsangebote, regionale und überregionale Kontakte zu Kollegen und Chören, Ideenfundgrube, Gestaltungstipps – ein reichhaltiges Spektrum, um sich immer wieder von Neuem zu informieren, zu motivieren, ja sich anstecken zu lassen. Verbände dieser Art bilden ein Geflecht aus Interaktionen und Plattformen, die absolut gewinnbringend sind.

Das Stichwort „Fortbildung" bildet an sich eine ganz eigene Ebene der Vernetzung. Zum einen ist dies die Kontaktbörse unter Gleichgesinnten. Aber mehr noch, das Netzwerk wird übergreifend zwischen Kollegen und Erfahrungen gespannt: hier bietet sich jedem Chorleiter die Möglichkeit, Neuerkenntnisse und Bewährtes miteinander zu verknüpfen. In einem Jugendchor wäre es fatal, sich ausschließlich auf eingefahrene Muster zu verlassen. Altbewährtes kann man auch sehr gut mit neuen Impulsen in Einklang bringen und so wiederum frische Akzente setzen. Hier eignen sich neben der Literatur besonders Stimmbildungsübungen und Einsingmodelle als hervorragendes Beispiel: Die Variationsmöglichkeiten mit Übungen im Fünftonraum sind im Prinzip überschaubar, die Aufbereitungsmöglichkeiten in einer Symbiose aus bewährten Methoden, inspirierenden Herangehensweisen, erneuerten Anreizen dagegen grenzenlos.

Marketingstrategien

Was vereinzelt schon in den Vernetzungszweigen angesprochen wurde, soll hier im Sinne der Public Relations und auch für potenzielle Mitgliederwerbung etwas vertieft werden. Eine wichtige Entscheidung, nämlich die Definition der Zielgruppe, ist mit dem Titel „Jugendchor“ bereits getroffen. Nun gilt es, das Marketing-Profil noch etwas zu schärfen. Die folgenden Fragen bilden einen Leitfaden zur Orientierung und Selbstreflexion.

» Welche Infrastruktur, welches Konzept ist bereits vorhanden?
» Soll dieses Angebot erweitert werden? Wenn ja:
» Um welche Faktoren und bis wann?
» Wie gehe ich dabei vor?

Zum Konzept gehört auch der Name des Chores, denn dieser ist meist der erste äußerliche Berührungspunkt überhaupt. Es gibt die Lösung, das Kind ganz schlicht beim Namen zu nennen: Jugendchor x (das x kann dabei für den Ortsnamen stehen) oder Jugendchor der Pfarrei y. Dann wirkt das möglicherweise etwas pragmatisch, dennoch ist damit die Altersstruktur und die Basis geklärt. Man kann aber natürlich auch Namen kreieren, die sowohl dem Träger als auch der Intention des Chores direkt Ausdruck verleihen. Ob diese dann englisch-modern (im Stil von „HeartChor“, „YouthVocal“) oder künstlerisch-kreativ (im Stil von „InTakt“, „TonArt“) wirken sollen, darf ruhig mit den Sängern gemeinsam entschieden werden. Ein gemeinsames Brainstorming und die anschließende basisdemokratische Abstimmung übertragen den Jugendlichen Verantwortung und lassen gleichermaßen ein Zusammengehörigkeitsgefühl entstehen.

Damit die Inhalte, die das Chorgefüge neben dem musikalischen Aspekt ausmachen, aber entsprechend nach außen präsentiert werden und als Werbefaktoren dienen, bedarf es der entsprechenden Vermarktung. Der äußere Anstrich sozusagen wird durch mehrere Komponenten vollzogen. Homepages und die Betreuung von Sozialen Medien gehören dabei mittlerweile zur Grundausstattung und bedeuten dank Baukastensystemen und einfachen Anlagen auch für technische Laien kein Hexenwerk. Posts sollten informativ und positiv-emotional gestaltet sein. In deren Kürze wird zusätzlich noch Kreativität gefördert. Im Übrigen kann man auch mit einem so genannten Account-Takeover den Probentag oder die Erlebnisse auf der Chorfahrt aus Sicht der Sänger in Form von Fotos und kurzen Videos („Stories“) für die Abonnenten demonstrieren. Diesem Unterfangen muss natürlich ein gewisser Codex zugrunde liegen, um Inhalte und Ausdrucksweisen zu regeln. So werden die Jugendlichen zu „Singfluencern“ und sorgen für die entsprechende Außenwirkung.

Achten Sie aber auch darauf, welches Bild der Chor dort und bei Auftritten generell abgibt. Einheitliche Chorkleidung wirkt immer ansprechend, sofern sie zeitgemäß gewählt ist. Der Zusatz „zeitgemäß“ sagt schon aus, dass es auch in diesen Belangen Modeerscheinungen gibt. Ich verzichte an dieser Stelle auf eine klischeehafte Zuordnung zu gewissen Chorsparten. Aber klicken Sie sich bei Gelegenheit mal durch die weite (Chor-)Welt des Internets und vergleichen Sie. Von unifarben über schwarz mit bunten Accessoires (auch hier muss es nicht immer der rote Schal sein) bis hin zur Vorgabe gewisser Grundfarben (z.B. weiß-blau-grau)

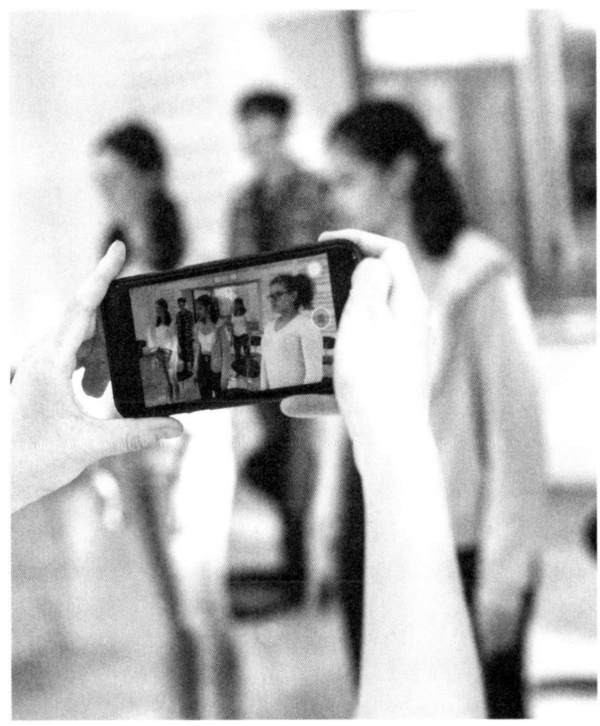

gibt es viele unterschiedliche und vor allem auch altersangepasste Ideen. Sicherlich darf das ein einheitliches Chor-Shirt mit dem Logo sein. Zwingend notwendig ist das jedoch nicht. Manchmal reichen Anweisungen à la „Jeans und weißes Oberteil". So verpasst man dem Chor einen einheitlichen Look unter Berücksichtigung individueller Vorlieben.

Wenn Sie gezielt Werbekampagnen für Neumitglieder starten, dann orientieren Sie sich gerne auch hier an Modeströmungen aus anderen Bereichen. Natürlich werden Flyer und vor allem die positiven Erfahrungsberichte im Rahmen der Mundpropaganda elementarer Bestandteil bleiben. Aber seien sie kreativ: Nach wie vor lösen beispielsweise Flashmobs und Rudelsingen allseits Begeisterung aus. Videos, die davon angefertigt werden, können leicht über die Sozialen Netzwerke geteilt werden. Kleine, aber feine Standkonzerte in der Fußgängerzone können im wahrsten Wortsinn im Vorbeigehen Sympathien wecken. Veranstalten Sie Workshops und Karaoke-Aktionen, bei denen Interessierte die Chorgruppe kennenlernen dürfen und die Arbeit zwar schon in musikalischer Form, aber (noch) in einem lockeren Rahmen stattfindet. Aufeinanderfolgende Aktionstage am Ende der Ferien bereiten eine gemeinsame Aufführung vor, bei der aber vorher noch zwei „normale" Chorproben zum Programm gehören.

Ein Blick in die Wirtschaft dient dabei in vielerlei Hinsicht als Ratgeber. Wenn ein Produkt nicht mehr verkauft werden kann, dann kann es entweder aus dem Sortiment genommen oder eben schlichtweg anders aufbereitet werden. Wenn gute Ware zum Ladenhüter mutiert, muss sie in ein anderes Licht gerückt werden. Auch das Angebot Jugendchor muss in gewisser Weise „verkauft" werden.

Teambuilding

Keine Sorge: Es muss nicht gleich der exemplarische Hochseilgarten sein, dessen Barrieren es gemeinsam zu überwinden gilt und wodurch wiederum der Chor als Team geformt wird. Aber in keiner Altersstufe sind gemeinsame Unternehmungen und Zusammenhalt von so großer Bedeutung wie im Jugendchor. Während sich Kinder oftmals sehr schnell und unkompliziert anfreunden und Erwachsene per Smalltalk Wege zueinander finden, scheint es im Zuge der pubertären Irrungen und Wirrungen schwieriger zu sein, sich aufeinander einzulassen. Nicht nur wegen der Teilnehmerzahl ist es deshalb für den Chorleiter von Vorteil, wenn sich zwei, drei Freunde für den Chor entscheiden. Der entscheidende Schritt ist dann nämlich bequemer. Aber auch diese Grüppchen wollen integriert sein. Ähnlich dem Tutoren-System in Schulen kann

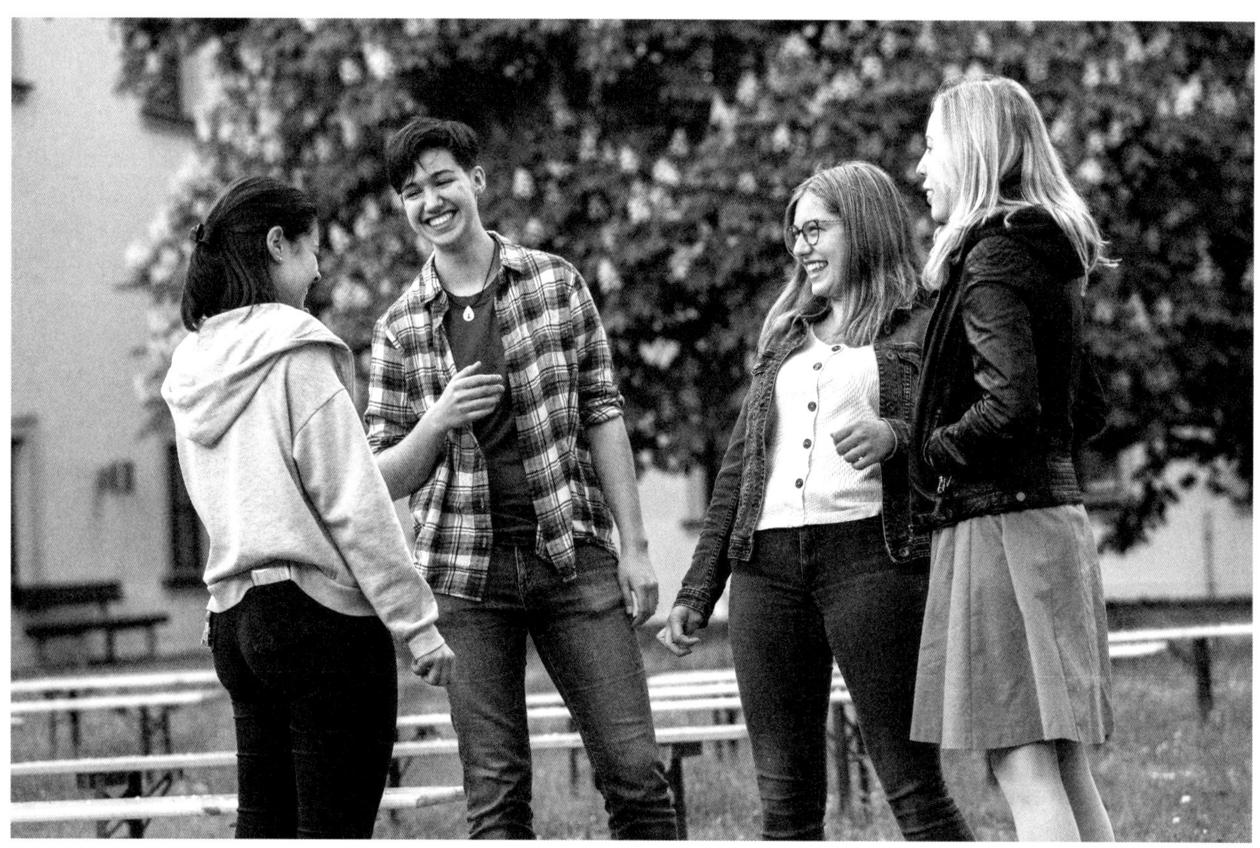

man beispielsweise Sänger, die schon länger Teil der Gruppe sind, den neuen Sängern zur Seite stellen. Selbstverständlich darf und soll man zwischendurch (aber regelmäßig) auch Termine wie ein Pizzaessen, einen Bowling-Abend oder das abendliche Lagerfeuer am See arrangieren.

Probentage, Probenwochenenden scheinen ideal, weil man das Praktische mit dem Nützlichen verbinden kann. Hier lassen sich Übungen zugunsten des Teamgeists gut einbinden. Zielstrebigkeit und Konzentration bringen einzelne Gruppen während der Probenarbeit zusammen. Diese Faktoren nehmen bei Konzertfahrten oder gar weiteren Reisen ins Ausland zu. Sich mit anderen Chören zu treffen und auszutauschen, wie es über Verbände organisiert wird, ist aus allen Blickwinkeln betrachtet eine große Bereicherung, selbst wenn es sich dabei um Chöre aus dem näheren Umfeld handelt. Sich gemeinsam auf den Weg machen kann man aber auch im Rahmen einer Konzertvorbereitung. Die Aufgaben (wie z.B. Kartenvorverkauf, Plakatgestaltung, Programmdruck, Design des Bühnenbilds, Flyer verteilen) können auf Arbeitsgruppen verteilt werden.

Oberste Priorität genießt indes in der Gruppe stets das gegenseitige Kennen- und Schätzenlernen, die Gewissheit, sich aufeinander verlassen zu können – musikalisch wie auch sozial: so wie jeder einzelne Akkordton im Gesamtklang Stabilität benötigt, so wie von vielen Sängern die Vokale einheitlich gefärbt werden sollen, so wie wir lernen müssen, gemeinsam zu atmen.

Und trotz all dieser Unternehmungen kann es vorkommen, dass es für einzelne Sänger plötzlich im zwischenmenschlichen Bereich nicht mehr passt. Vielleicht trifft auch die eingeschlagene Stilrichtung nicht mehr dessen Geschmack oder die Interessen entwickeln sich im Zuge des Erwachsenwerdens in eine andere Richtung. Unter Umständen ist es für den Chorleiter noch nicht einmal ersichtlich, warum derjenige sich nicht mehr wohlfühlt und nun den Chor verlassen möchte. Das kann und das darf passieren! Das muss – vor allem dann, wenn es sich um Einzelfälle handelt – nicht zwingend mit der Arbeit des Chorleiters zusammenhängen.

Digitalisierung

Digitalisierung ist in sämtlichen Bereichen der Gesellschaft in aller Munde. Was in der „Corona-Zeit" plötzlich als unverzichtbarer Bestandteil betrachtet wurde, ist mittlerweile eigentlich Standard, wenn es um das chorische Gesamtangebot geht. Gesamtaufnahmen oder Aufnahmen von Einzelstimmen, die via Playlists als Übedateien zur Verfügung gestellt werden, sorgen für noch besseres Kennenlernen der Literatur. Wenn es möglicherweise bereits Audio- oder Videoclips gibt, die die Vorbildfunktion erfüllen, dann ist das Verschicken eines Links eine unkomplizierte Angelegenheit. Ein Positivbeispiel kann durchaus motivieren. Genauso wie die Aufnahme von Einzelstimmen eine noch effektivere Probenarbeit ermöglichen kann. Das technische Knowhow dazu ist in Hinblick auf eine angemessene Qualität gut erlernbar. Für alle Betriebssysteme und Endgeräte existieren einfach zu bedienende Programme:

- » iOS (Apple): PCM Recorder Lite
- » Android: Stimmrekorder Plus
- » Apple Mac: Garage Band
- » Windows PC: Audacity, Studio One

Beim Thema Online-Chorproben spalten sich die Gemüter. Für einen mehrstimmigen Chorklang gibt es tatsächlich noch keine Ideallösung, wenngleich die Plattform „Jamulus" oder das „Digital Stage Projekt" (eine digitale Bühne für Kunst-, Musik- und Theaterensembles), das von zahlreichen Kooperationspartnern auf den Weg gebracht wird, genau diese zu erreichen versucht. Für Stimmproben jedoch gibt es durchaus nützliche methodische Mittel, Töne zu erarbeiten und neue Stücke zu erschließen. Der Sänger hört den Chorleiter sehr direkt und ohne Ablenkung. Alle musikalischen Facetten können unmittelbar dargestellt werden: Neben dem Treffen der Töne und Intervalle gibt es mit der Atemführung, den Absprachen, der Artikulation, der dynamischen Gestaltung sowie der Phrasierung noch weitere Faktoren, die geübt werden können. Und im Gegensatz zu den Playlists hat der Chorleiter hier nämlich die direkte Kontrolle über den Übefortschritt. Denn selbst ein schweigender, vor dem Endgerät sitzender Chorsänger oder auch ein Playback-Sänger hört in diesem Moment mindestens das Vorsing-Angebot des Chorleiters. Motivierte Sänger können an einer solchen Online-Chorprobe durchaus auch wachsen. Sofern die Offerte des Chorleiters auch den Gesamtchorsatz als Begleitung oder eine gesungene zweite (andere) Stimme beinhaltet, ist der Sänger vor dem Bildschirm auf sich alleine gestellt und ist so nochmal intensiver gefordert als beim bloßen Mit- bzw. Nachsingen. Die von den Jugendlichen zu einer Online-Probe benötigten Endgeräte sind in der Regel in jedem Haushalt vorhanden. Je stabiler die

Vorschlag für eine Einwilligungserklärung zur Anfertigung und Verwendung von Fotos

Einwilligungserklärung

____
Name des Jugendchores

____
Name des Trägers, Anschrift

Ich bin/wir sind damit einverstanden, dass von mir/meinem/unserem Kind

______________________________, geboren am ______________
Name und Vorname

Fotoaufnahmen, die die Einrichtung oder eines ihrer Mitglieder oder ein von ihr Beauftragter während der Proben, Veranstaltungen und Projekte erstellt und auf denen unser Kind erkennbar abgebildet ist, für die Öffentlichkeitsarbeit des Chores verwendet werden:

- o Für die Webseite des Chores/der Pfarrei/des Vereins/der Einrichtung
- o Für die Veröffentlichungen in den sozialen Medien (ggf. Aufzählung)
- o Für Mitteilungen, Broschüren, Informationsmaterialien
- o Für die Veröffentlichung in dritten Publikationsorganen (Tageszeitung,____________)
- o ____
- o ____

- o Der Name unseres Kindes darf in obigen Veröffentlichungen genannt werden.

Uns ist bekannt, dass wir diese Einwilligung jederzeit für die Zukunft schriftlich beim verantwortlichen Träger des Chores widerrufen können. Diese Einwilligungserklärung bedarf der Unterschrift aller Sorgeberechtigten. Soweit lediglich eine Unterschrift erfolgt, geht der Träger des Chores davon aus, dass entweder ein alleiniges Sorgerecht vorliegt oder aber die Einwilligung im Auftrag und mit Vollmacht der weiteren Sorgeberechtigten erfolgt.

____
Ort Datum Unterschrift

____
Ort Datum Unterschrift

Soweit das Kind das 14. Lebensjahr vollendet hat, zusätzlich Unterschrift des Kindes:

____
Ort Datum Unterschrift

Internetverbindung aller Teilnehmer ist, desto vorteilhafter wird eine Online-Chorprobe verlaufen. Wichtiger noch erscheint mir das Gesamtkonzept des Chorleiters. Sich mit der Technik vertraut zu machen, die Chormitglieder zu motivieren, die Probenmethodik auf die Situation abzustimmen. Seine Herangehensweise und seine Überzeugungskraft wird entscheidend sein für die Akzeptanz und den Erfolg von Online-Chorproben (siehe auch den Literaturhinweis am Ende des Buches).

Datenschutz

Ein Kapitel, das in älteren Büchern noch nicht vorkommt und jetzt aber nicht mehr wegzudenken ist. Spätestens seit die neue Datenschutz-Grundverordnung (DSGVO) und das neue Bundesdatenschutzgesetz (BDSG) im Jahr 2018 in Geltung sind, bedarf es großer Achtsamkeit und Sorgfalt in Hinblick auf alles, was für die Verarbeitung und das Speichern personenbezogener Daten relevant ist. Das Führen von Mitgliederlisten, das Einfordern der Bankverbindung oder die Verwendung von Chorfotos für die Öffentlichkeitsarbeit sind nur wenige, aber elementare Bestandteile der Chorarbeit. Sobald Sie personenbezogene Daten (z.B. Name und Adresse, Geburtsdatum, Kontaktdaten wie Telefonnummer oder Mailadresse, Bilder, Bankverbindung, Eintrittsdatum) erfassen, speichern, übermitteln oder nutzen, müssen diese geschützt werden. Diese Verantwortung kann in keiner Weise eingeschränkt oder aufgehoben werden. Deshalb empfiehlt sich die Installation eines Datenschutzbeauftragten. In Vereinen ist diese Aufgabe oftmals kraft Amtes definiert. Besondere Vorsicht ist beim Thema Internetpräsenz und insbesondere in den sozialen Netzwerken geboten. Fotos sind ein heute auf allen Kanälen unverzichtbares Werbemedium. Die Chormitglieder müssen einer Veröffentlichung jedoch explizit zustimmen, im Übrigen auch bei scheinbar banalen Anliegen wie Geburtstagsgratulationen. Die Absicherung für die Veröffentlichung von Fotos und ggf. auch der Namen auf Webseiten, in sozialen Medien, Broschüren oder Informationsmaterialien, sowie auch über dritte Publikationsorgane wie etwa die Tagespresse ist dahingehend unabdingbar. Sollten die Jugendlichen das 14. Lebensjahr vollendet haben, müssen sie selbst zusätzlich zu ihren Eltern ihre Zustimmung erteilen.

Der Chorträger darf all die Daten nur dann erheben und speichern, wenn dies notwendig ist, um seine Intention und Aufgaben ausführen zu können. Er muss deshalb auch erklären, zu welchem Zweck dies geschieht und wie sie genutzt werden.

Es ist ein komplexes Thema, bei dem es zahlreiche Details zu beachten gilt. Es empfiehlt sich die Erstellung einer Einverständniserklärung, die mit Hilfe von fachkundigen Beratern erarbeitet wird und die von jedem Chormitglied (bzw. im Falle von Minderjährigen auch von deren Eltern) unterzeichnet werden muss. In Chorverbänden und Pfarreien wird den Chorleitern dahingehend oft eine kompetente Beratungsmöglichkeit angeboten, in den meisten Fällen kann man auch auf Mustervorlagen zurückgreifen.

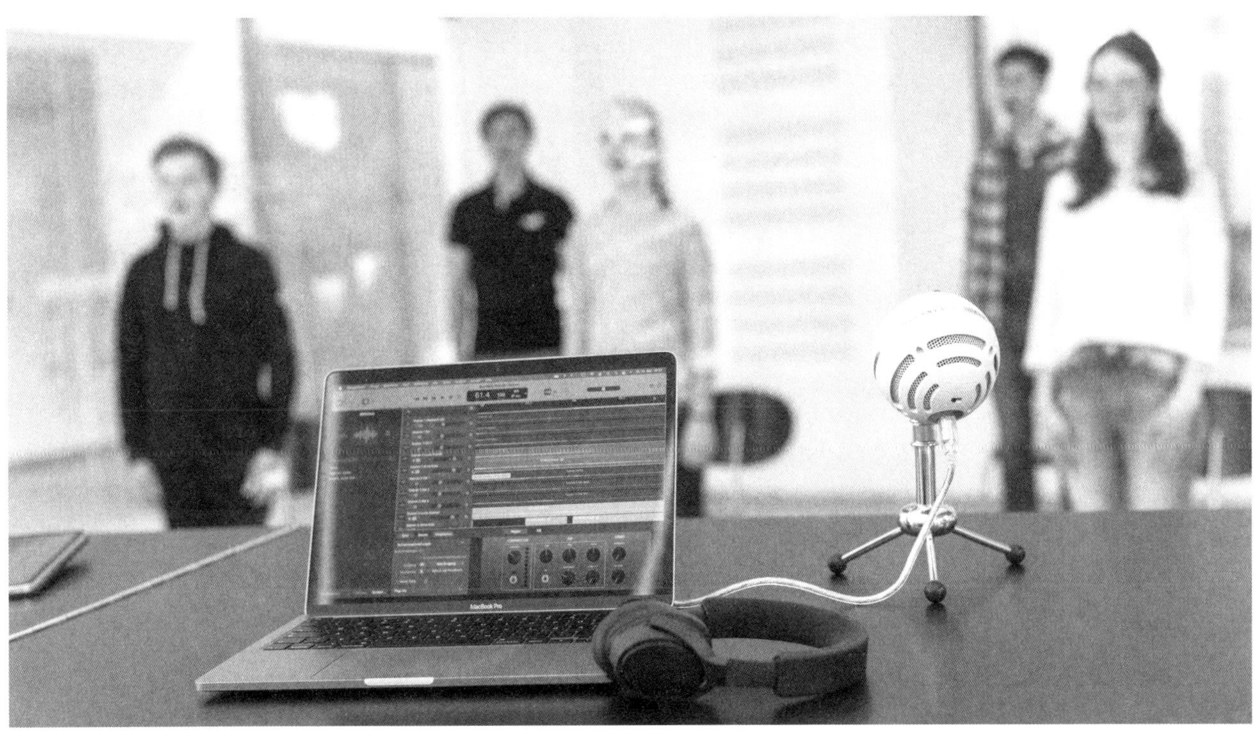

PROBENMETHODISCHE ASPEKTE

Vor- und Nachbereitung einer Probe

Die Vorbereitung einer Chorprobe ist in mehrere Stadien gegliedert. Zunächst einmal gilt es, sich ein großes Ziel für ein ganzes Chorjahr zu stecken. Das können beispielsweise der Schritt zur Mehrstimmigkeit oder auch die Arbeit an der Intonation sein und würde bedeuten, dass zusätzlich zur regelmäßigen Chorarbeit immer wieder kleine Elemente und Zwischenetappen eingestreut werden, die diesen Plan konkret verfolgen. Neben einer langfristigen, gröberen Planung über mindestens ein Jahr muss sich jeder Chorleiter regelmäßig über die aktuellen Fähigkeiten und Möglichkeiten seines Chores bewusst werden. Aktuell vor allem dann, wenn zum Jahres- oder Halbjahreswechsel Fluktuation hinsichtlich Mitgliederzahl und Besetzung herrscht. Auch in einzelnen Proben kann dies durch zeitgleich stattfindende Veranstaltungen einer Schule oder einer Sportmannschaft oder im schlimmsten Falle gar aufgrund einer Grippewelle von Nöten sein, wenn dadurch mehrere Sänger betroffen sind. Aber im Verlauf eines jeden Chorjahres gibt es wohl immer Hoch-Zeiten und Phasen, in denen möglicherweise das Probentempo etwas retardiert. Um dennoch die ganze musikalische Bandbreite von leicht bis anspruchsvoll abzudecken, gilt es, Woche für Woche ein gleichermaßen forderndes und förderndes Konzept zu erarbeiten.

Das beginnt bereits bei der Literaturauswahl. Es ist ein großer Vorteil für einen Chorleiter, wenn er ansprechende und für den Chor adäquate Literatur gesammelt hat und danach den Aufführungszeitpunkt und -zweck selbst bestimmen kann. Die dadurch gewonnene Zeit kann man direkt in die eigene Vorbereitung (singen, spielen, dirigieren) investieren. Denn verhält es sich konträr, also muss man Literatur nach einem vorgegebenen Anlass, Thema und/oder Zeitpunkt aussuchen, wird der Zeitaufwand deutlich größer sein. Das Studieren von Texten ist genauso nötig wie ein in allen Parametern passendes Arrangement, das gefunden oder gar erst gesetzt werden muss. Es empfiehlt sich, als Jäger und Sammler mit offenen Augen durch die Musikwelt zu gehen und projektunabhängig Ideensammlungen anzulegen. Mit der Zeit entwickelt man das entsprechende Gespür dafür, was praktikabel und passend ist. Chorbücher und Notensammlungen gibt es für alle Kategorien genügend. Internet, Bibliotheken und Verlagskataloge sind dabei eine große Hilfe. Förderlich ist dahingehend aber vor allem auch der gegenseitige Austausch mit anderen Chorleitern und in Chorverbänden. Zunächst muss also geklärt werden:

- » Steht bereits Literatur zur Verfügung?
- » Für welchen Anlass suche ich Lieder aus?
- » Welche Besetzung steht zur Verfügung?
- » Ist der Satz oder das Arrangement für den Chor passend?
- » Müssen Noten erworben werden?
- » Wieviel Vorbereitungszeit benötige ich dafür?

Diese Faktoren sollten eher längerfristig konzipiert werden. Denn je näher ein neuer Probenabschnitt kommt, desto detaillierter werden die Planungen für jede Einheit. Eine Reihe von Fragen muss noch vor der ersten Probeneinheit beantwortet werden:

- » Sind die Chorpartituren so eingerichtet, dass ich effektiv proben kann?
- » Soll das Stück a cappella gesungen werden oder wird es von einem oder von mehreren Instrumenten begleitet?
- » Kann ich die Begleitung als Chorleiter selbst übernehmen oder benötige ich einen Korrepetitor?
- » Ist diese Art von Mehrstimmigkeit realisierbar?
- » Welches Probenkonzept lege ich zugrunde?

Es gibt auch Faktoren, die variabel sind und erst im Verlauf der Probenarbeit geklärt werden können:

- » Kann bei entsprechender Sicherheit (in dieser Probe bereits, in einer weiteren Probe, überhaupt) eine zweite, dritte Stimme hinzugefügt werden?
- » Schaffen wir heute nur den Kehrvers oder auch schon die Strophen?
- » Singt der Chor bei der Aufführung auswendig?

In den Probenabschnitten wird sich die Frage stellen, in welcher Reihenfolge und in welcher Intensität man die Ebenen Text, Melodie, Rhythmus zu einer Einheit zusammenführt. Nuancen in der Differenzierung der einzelnen Aspekte können den Unterschied machen. Diese jedoch erst einmal selbst zu beherrschen, verlangt eine gewissenhafte Vorbereitung durch Singen der einzelnen Stimmen,

Üben von Partiturspiel, Begleitung und Dirigat. Der musikalische Leiter entscheidet, ob das neue Stück die Jugendlichen direkt ansprechen kann oder ob man emotionelle, musikalische Hindernisse überwinden muss und die Einführung Fingerspitzengefühl samt einer positiven Projektierung erfordert. Ein falscher Probeneinstieg kann fatal sein und bringt gegebenenfalls für immer eine reservierte, missbilligende Atmosphäre bei diesem Stück mit sich. Auch mit viel Chorerfahrung ist man nicht davor gefeit, dass eine Probe anders verläuft als geplant. Umso mehr gilt: Je gründlicher die Vorbereitung desto flexibler gestaltet sich der Ablauf. Eine umfassende Auseinandersetzung sowohl musikalischer als auch geistiger Art mit dem Stück ist essenziell. So können von vornherein bereits Schwierig keiten kalkuliert und Lösungswege geplant werden.

Erst nachdem alle Eckpunkte zur Literatur abgesteckt sind, kann man das Einsingen konzipieren. Natürlich sollte ein gewisser Grundstock an Übungen vorhanden sein, der universell einsetzbar ist. Entweder es gibt aus diesem Vorrat zufällig Beispiele, die gerade für die neue Literatur passend sind, oder man kreiert welche. Auch wenn man nicht alle Schwierigkeiten bereits im Vorfeld ausräumen kann, die Auswahl der Stimmbildungsübungen sollte sich so nahe wie möglich an den Probenschwerpunkten orientieren (z.B. Übungen für die Höhe, Artikulation, den Lagenausgleich usw.). Wichtig ist dabei, dass nichts gewollt und konstruiert wirkt, sondern dass dies in gewisser Weise spielerisch leicht und auch motivierend geschieht.

Was häufig unterschätzt wird, ist die sorgfältige Nachbereitung einer Chorprobe. Selbstverständlich können wir davon ausgehen, dass wir auch eine Woche später noch in Erinnerung haben, welche Teile der Chor bereits geprobt hat und wo noch Nachholbedarf besteht. Jedoch können bereits kleine Notizen im schriftlich fixierten Probenplan ausreichen: Ein kleiner Hinweis auf eine stimmlich schwierige Stelle oder eine Ergänzung zur Zeiteinteilung sind genauso hilfreich wie ein Vermerk zur möglichen Besetzungsänderung der Stimmeinteilung. Es ist mir selbst als Chorleiter eine große Hilfe, ehrlich zu reflektieren, welche Ansätze gut funktioniert haben oder ob an manchen Stellen der Probenplan anders gedacht war. Die nächste Probenvorbereitung und auch deren Durchführung kann zügiger, detaillierter und effizienter gestaltet werden. Aus den in wenigen Minuten entstandenen Nachträgen resultieren angepasste Einsing- und Stimmbildungsübungen sowie Probenabläufe und -inhalte.

Ablauf einer Probe

Bevor ich mir über den Aufbau einer Chorprobe Gedanken mache, muss zunächst einmal festgelegt werden, wie lange sie dauern soll. Dies wird vor allem von Altersstruktur und Leistungsniveau abhängig sein, aber es gibt doch relativ unterschiedliche Ansätze: 45 Minuten, 60 Minuten, 90 Minuten, mit Pause, ohne Pause, intensive chorische Stimmbildung oder „nur“ ein kurzes Einsingen, Einsatz von Lernmethoden oder Chorschulen und vieles mehr.

Eine Chorprobe beginnt mit der Begrüßung. Bereits wenn die Jugendlichen den Probenraum (frühzeitig genug) betreten, bietet sich die Möglichkeit, mit ihnen ins Gespräch zu kommen und sich als Chorleiter für sie und ihre Aktivitäten zu interessieren. Ein Small-Talk über Schule, Freizeit, Geschwister ermöglicht es ihm, bezüglich Interessen und Tendenzen up to date zu bleiben. Eine kurze, allgemeine Begrüßung der gesamten Gruppe ist dennoch wichtig. Auch deshalb, um zu signalisieren, dass die Gespräche untereinander möglichst eingestellt werden und die Probe beginnt. Die Aufmerksamkeit wird nun auf den Chorleiter am Pult gelenkt. Die Begrüßung kann man auch direkt mit der Ansage von wichtigen bevorstehenden Terminen verbinden.

Bei vielen Jugendchören längst etabliert, bei einigen leider immer noch nicht angekommen ist der wesentliche Bestandteil zu Beginn einer Chorprobe: ein fundiertes Einsingen. Mit diesem Thema alleine könnte man ganze Bücher und Fortbildungsveranstaltungen füllen. Hier geht es nicht darum, gängige, bekannte Übungen chromatisch auf- und abwärts zu schrauben und Tonfolgen auf erheiternde Tonsilben nachzusingen. Es geht vielmehr darum, den Chor aus dem Alltag abzuholen. Das kann einfach auch bedeuten, Konzentration einkehren zu lassen, Körper und Stimme ähnlich wie bei Sportlern aufzuwärmen, gleichzeitig aber schon auf die entsprechende Literatur vorzubereiten, ja „einzustimmen“. Es sollte – wie bereits beschrieben – ein Fundus vorhanden sein, aus dem der Chorleiter jederzeit schöpfen kann. Dieser sollte nach und nach, vor allem auch um einem bloßen Ableisten zu entgehen, erweitert werden. Die Übungen sollten so spezifisch und zielgerichtet wie möglich ausgewählt werden. Die Literatur, die in der folgenden Probe erarbeitet wird, erfordert eine angemessene Auswahl an Stimmbildungsübungen. Unter der Berücksichtigung zahlreicher Aspekte wie körperliche Disposition, Vokalausgleich, Lagenausgleich,

Ambitus, Artikulation, Lockerung, evtl. Aspekte zur Mehrstimmigkeit u.v.m. existiert ein breit angelegtes Arbeitsspektrum. Eine gewissenhafte Vorbereitung verlangt Fingerspitzengefühl und Zeitinvestition (siehe dazu auch „Stimmbildnerische Perspektiven").

Und dennoch ist diese Stimmbildungsarbeit nicht auf die ersten zehn Minuten beschränkt. Chorische Stimmbildung sollte sich wie ein roter Faden durch die Probe(n) ziehen. Nur stete Wiederholungen mit sämtlichen Variationsmöglichkeiten und Erweiterungen führen zum Ziel. Es spielt keine Rolle, ob die Übungen aus Büchern übernommen sind oder selbst aus einem Stück heraus entwickelt wurden. Wichtig ist, dass sie mit den vorab gesteckten musikalischen Inhalten und Zielen konform gehen. Im Übrigen habe ich die Erfahrung gemacht, dass man Einsingen und Stimmbildung motivierender implementieren kann, wenn man den Terminus „Übung" vermeidet. Er birgt immer etwas Phrasenhaftes, Reizloses in sich. Mit ein wenig Erfahrung lässt sich das geschickt umgehen. Vielmehr sollte man Formulierungen wählen, die den Sinn erklären, die Absicht definieren und in diesem Zusammenhang auch Fachbegriffe (z.B. diverse Intervalle, Stimmeinsatz, Vokalfärbung, Klangweite) einführen.

Nach dem Einsingen gibt es nur zwei verschiedene Ansätze: Entweder man greift Literatur auf, die bereits bekannt ist, um so einen einigermaßen zügigen Probenfortschritt zu forcieren. Oder aber man nutzt die soeben geschaffene Konzentrationsphase nach dem Einsingen aus, um genau jetzt neue Literatur einzuführen. Das ist vermutlich Typsache bzw. sollte an die jeweiligen Gegebenheiten angepasst werden. Eine generelle Vorgabe diesbezüglich wage ich nur im Hinblick auf die Abwechslung zu formulieren: Modifikationen von Probenmethoden, Abwandlung von Probeninhalten, Variation zwischen Stehen und Sitzen oder dem bereits erwähnten „Stitzen", auswendig Singen und Verwendung von Noten, Einbau von perkussiven Elementen; und um die Spannung zu gewährleisten, darf man auch ab und an mal eine kleine Anekdote erzählen. Damit aber nicht jede Woche eine komplett neue Ordnung entsteht, dürfen gerne auch Rituale gepflegt werden. Bei manchen Chören mag dies ein über einen längeren Zeitraum festgelegtes Schlusslied sein oder die generelle Orientierung an einer bestimmten Chorschule bzw. Methode (z. B. nach Kodály oder Gordon, siehe Seite 35 f.).

Für den Abschluss der Probenarbeit ist in jedem Fall eine Wiederholung zu empfehlen, sei es die Wiederholung eines zu Beginn neu gelernten Liedes oder eines altbekannten Liedes. Es ist leichter, die Jugendlichen mit einem Ohrwurm nach Hause zu schicken als mit einer schwierigen Stelle, die einfach noch nicht funktionieren will; sozusagen ein Cliffhanger im positiven Sinne, der Lust auf mehr macht.

Bei der Verabschiedung kann ich die Zeremonie in umgekehrter Reihenfolge wieder aufgreifen. Nach der erforderlichen allgemeinen Verabschiedung, die möglichst knapp und präzise ausfallen darf (evtl. kann hier nochmal an den nächsten Termin erinnert werden), bietet es sich an, wiederum ins Gespräch zu kommen – Kommunikation ist in jeder Hinsicht ein so wichtiger Faktor! Sollte eine nächste Probe mit einer anderen Gruppe folgen, ist es ratsam, von Anfang an eine zeitliche Lücke einzuplanen. Oder aber man verfolgt auch hier gewisse Bräuche: das Verteilen von Probenplänen oder Infozetteln beim Verlassen des Raumes, Ausgabe von kleinen Giveaways (Hörbeispiele, Erinnerungsfotos oder wenn es denn auch im Jugendchor noch sein soll: Gummibärchen...). Zudem sollten vom Chorleiter neben dem reinen Ablauf einer Chorprobe weitere wichtige Kriterien berücksichtigt werden. Dazu zählt neben dem Zeitmanagement vor allem der Kontakt zu den Jugendlichen, nicht nur in Bezug auf Gespräche vor und nach der Probe, sondern vor allem auch der direkte Blickkontakt während des Singens (Beherrschung des Liedguts von Seiten des Chorleiters). Viel singen lassen, klare Ansagen machen, in einer Atmosphäre, in der es möglich ist, zu loben, aber auch zu kritisieren. Fördern und fordern in einer Komplexität, die Bereitschaft, Motivation und Freundlichkeit in sich birgt.

Beispielmodelle für einen Probenverlauf:

Begrüßung	1'
Ansagen	1'
Einsingen	8'
Lied – (teils) bekannt	10'
Stimmbildung oder Chorschule	3'
Lied – neu	10'
Stimmbildung od. Chorschule	3'
Lied – Wiederholung	7'
Ansagen	1'
Verabschiedung	1'

Modell A: Probendauer 45 Minuten

Begrüßung	1’
Ansagen	1’
Einsingen	8’
Lied – (teils) bekannt	10’
Stimmbildung oder Chorschule	4’
Lied – neu	10’
Lied – bekannt oder neu	8’
Pause	5’
Stimmbildung od. Chorschule	4’
Lied – Wiederholung	7’
Ansagen	1’
Verabschiedung	1’

Modell B: Probendauer 60 Minuten

Einstiegs- und Einstudierungsmöglichkeiten

Um bei den Jugendlichen keine Langeweile aufkommen zu lassen, muss jeder Chorleiter intensiv aus allen ihm möglichen methodischen Quellen schöpfen. Getreu einem berühmten Werbeslogan dürfen diese gerne „mit Spiel, Spannung und Überraschung“ eingesetzt werden. Es geht hierbei nicht darum, in jeder Chorprobe ein Feuerwerk an Ideen abzubrennen und sich von Highlight zu Highlight zu hangeln. In jeder sinnvoll strukturierten Singstunde muss es das Ziel des Chorleiters sein, die Werke so einzustudieren, dass Freude, Abwechslung und Effizienz entstehen. Das beginnt zunächst bei der Planung der Reihenfolge und muss noch intensiver bei der Erarbeitung eines jeden Probenabschnitts zum Tragen kommen. Seien wir ehrlich: Wie oft muss die Papageienmethode herhalten, um möglichst schnell ein gutes Ergebnis zu erreichen? Bequem ist sie. Effektiv auch. Manchmal vielleicht auch der einzige Ausweg. Jedoch nutzt sie sich auch ziemlich schnell ab. Wenn wir unserer Kreativität nur freien Lauf lassen und den reichen Schatz an Einstiegs- und Übemethoden nutzen, kann sie bei Gelegenheit ab und zu gezielt eingesetzt werden.

Textliche Einheiten
» Textinhalt einführen
» Text erklären bzw. Übersetzen
» Text im Rhythmus sprechen oder rappen lassen
» Text mit Bezug zu einer Alltags- oder gemeinsam erlebten Situation erschließen
» Text über rein durch Konsonanten / Vokale gestaltete Artikulationsübungen erarbeiten

Bei aller tonlichen Sorgfalt kommt ein Element bezüglich Ursprung und Intention der meisten Lieder zu kurz: der Text. Dabei bieten sich ausgehend vom Wort zahlreiche Variationen an. Nicht nur bei fremdsprachlich verfassten Texten ist es eine notwendige Maßnahme, eine passende Erklärung oder Übersetzung mitzuliefern. Auch bei deutschen Texten ergeben sich – durchaus auch überraschenderweise – Barrieren. So selbst erlebt bei einer Vertonung von Eugen Eckerts Text „Dein ist die Zeit“: Nicht einer der jungen Sänger konnte etwas mit dem Wort „Jahrmyriaden“ anfangen. Was aber nicht ausschließt, dass es in vielen Fällen nicht durchaus aufschlussreich sein kann, wie treffend Begriffe von Jugendlichen selbst erklärt werden können, wenn man die Aufgabe einfach an sie weitergibt.

Wenn man dann die Texte noch in einen bekannten Kontext setzen kann, ist auch schon der (kirchen-)jahreszeitliche oder liturgische Bezug hergestellt, alternativ auch die Verbindung zu einer Alltagssitutation oder besser noch zu einer gemeinsam erlebten Situation.

Mit der Einführung des Textinhaltes kann auch der direkte Übergang zum im Rhythmus gesprochenen Text einhergehen. Bei einer einigermaßen passenden rhythmischen Struktur führt man die Erzählung schlichtweg in bester Rappermanier fort und lässt den Chor im Metrum bleibend antworten resp. wiederholen.

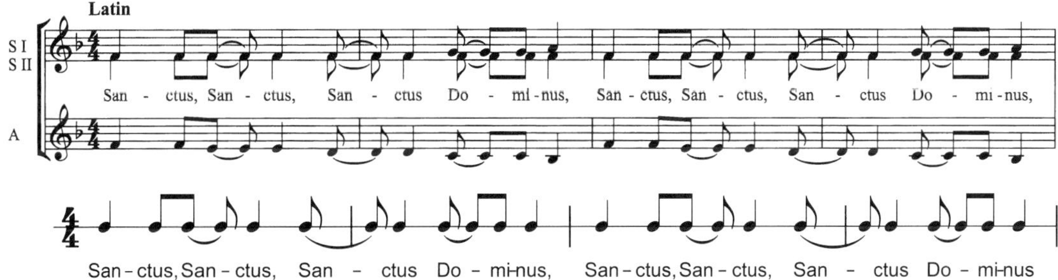

NB1 · Bobbi Fischer: Sanctus (c) Carus Verlag, Stuttgart

Möglichkeiten für Notenbeispiel 1:

» Der Text kann im Rhythmus gesprochen werden.
» Die Konsonanten des Textes können akzentuiert werden, die Vokale sind kaum hörbar.
» Der Text sollte übersetzt werden.
» Der liturgische Bezug kann hergestellt werden.

Rhythmische Einheiten

» Rhythmus vor- und nachklatschen
» Echoklatschen (bei passenden Phrasen)
» Rhythmus über Sprechsilben wiedergeben
» diverse rhythmische Elemente verteilen
» Komplementärrhythmen von zwei (oder mehr) Stimmen klatschen lassen
» rhythmische Patterns und Ostinati
» Einsatz von Perkussionsinstrumenten oder Körperperkussion

Oder man hält es mit Sir Simon Rattle, der es einmal so formulierte: „Am Anfang war nicht das Wort, am Anfang war der Rhythmus.“ Wenn es darum geht, perkussive Elemente in Kinder- und Jugendchören einzubauen, wird am häufigsten die Möglichkeit des Vor- und Nachklatschens sowie das Echoklatschen angeführt. Abgesehen davon, dass diese Elemente in der rhythmischen Erziehung elementar wichtig sind, gibt es weitere Impulse, die ein ganzheitliches musikalisches Erleben fördern. Verteile ich beispielsweise Komplementärrhythmen auf zwei (oder mehrere) Stimmen, wird nicht nur am Taktgefühl gearbeitet, sondern gleichzeitig auch der Weg zur Mehrstimmigkeit bereitet. Denn diese setzt genau die Eigenständigkeit in den Stimmen voraus, die durch den Einsatz von Körper, Perkussion oder auch mit Hilfe von Sprechsilben auf den Weg gebracht wird. In diese Kategorie sind auch (rhythmische) Patterns und Ostinati einzugliedern. Sie sind sowohl rhythmisch als auch melodisch ausführbar und können jederzeit durch den Einsatz von Instrumenten erweitert werden (Beispiele 2 und 3).

Stimmbildnerische Einheiten

» Einstieg mit einer passenden Stimmbildungsübung
» Stimmbildungsübung aus dem Stück heraus entwickeln
» Übung unmerklich einfließen lassen

Der einfachste Weg, nach einem gemeinsamen stimmlichen Aufwärmen („Einsingen“) den direkten Anschluss zur Literatur zu schaffen, besteht aus einer eigens kreierten Stimmbildungsübung. Sie sollte eine dem Stück entnommene stimmliche Schwierigkeit oder Melodiefloskel enthalten und so helfen, Schwierigkeiten bereits im Vorfeld zu

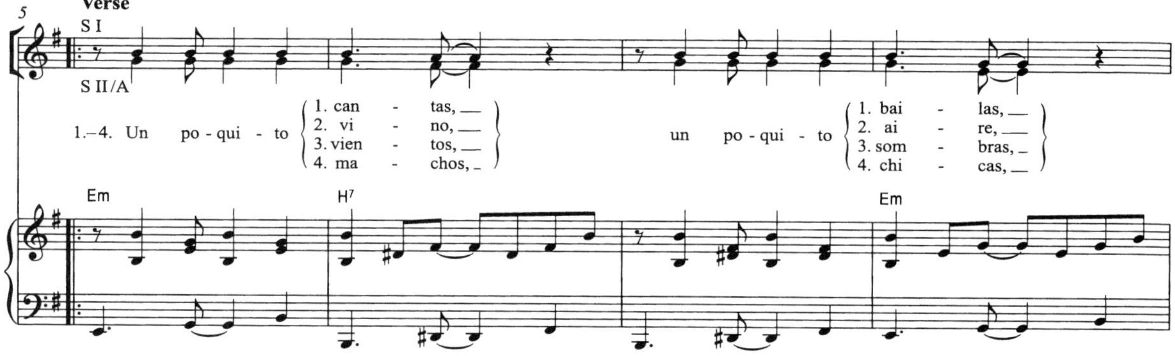

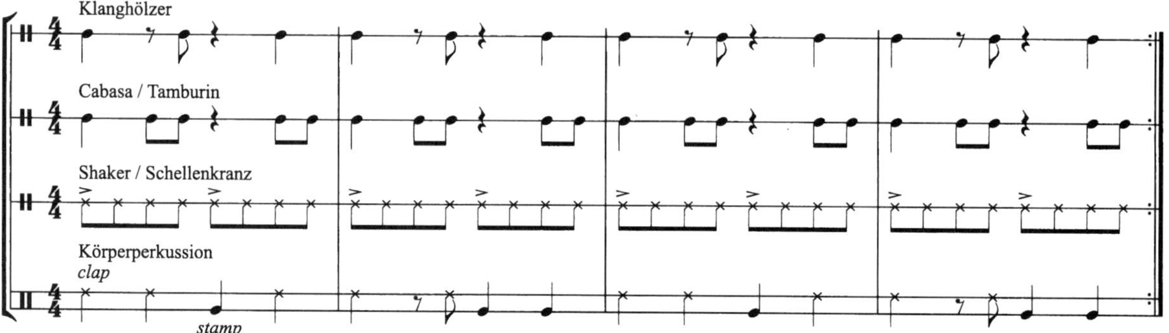

NB 2 · Un poquito cantas (Trad. aus Südamerika, Arr. York Sommer, Percussions-Ostinato: Torsten Krill) (c) Carus Verlag, Stuttgart

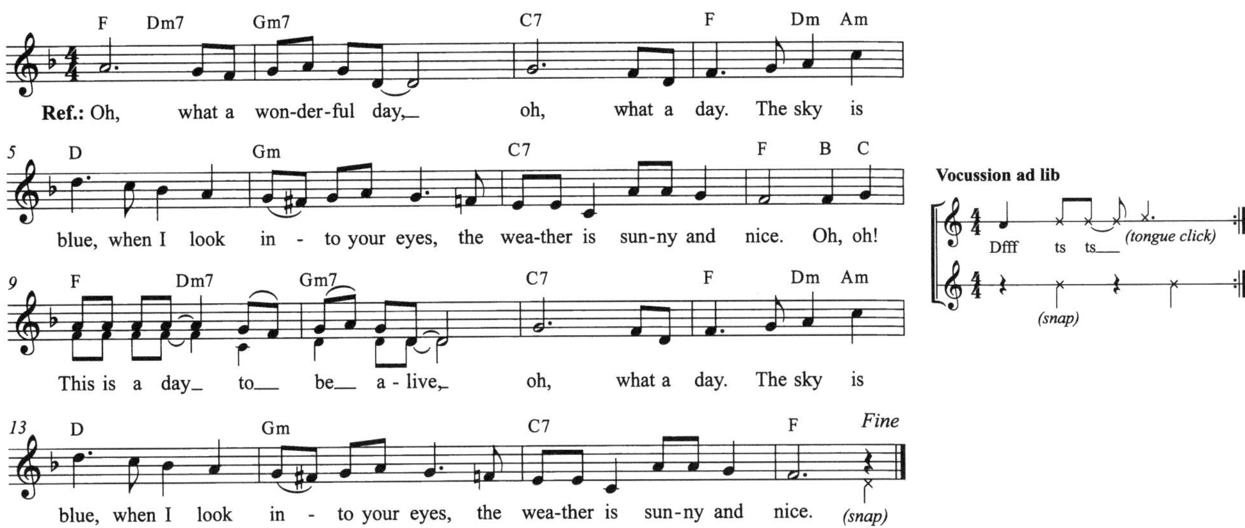

NB 3 · What a wonderful Day (Text und Musik: Lorenz Maierhofer) (c) HELBLING, Innsbruck-Esslingen-Belp/Bern

verringern. Dies ist im übrigen auch im Verlauf einer Probe möglich. Idealerweise geschieht so etwas unmerklich, also ohne Ankündigung und ohne das Wort „Übung" zu erwähnen. Sinnvoller ist es, die wichtigsten Aspekte der Übung zu verdeutlichen. Stimmbildungsübungen können sehr häufig aus dem Stück heraus entwickelt werden, mit bewusster Vorbereitung oder möglicherweise auch spontan.

In NB 4 bzw. ÜB 1 soll vorab geübt werden: Takt 108–110, (Terzen abwärts). Der Weg könnte aussehen, wie darunter notiert. Es sind auch einzelne Elemente davon realisierbar. Die Textunterlegung bzw. -behandlung kann variieren. Punktierungen können auch als doppelte Punktierungen ausgeführt werden. Jeweils Chorleiter als Vorsänger, dann alle.

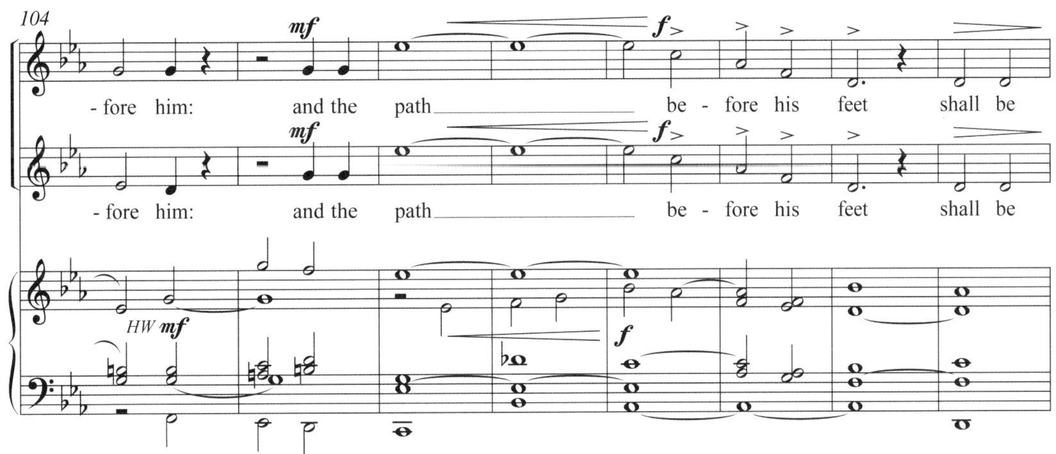

NB 4 / ÜB 1 · Harrison Oxley: Lord, how gracious (c) Kevin Mayhew Ltd. Reproduced by permission of Kevin Mayhew Ltd. (www.kevinmayhew.com). Licence No: KMCL080120/01

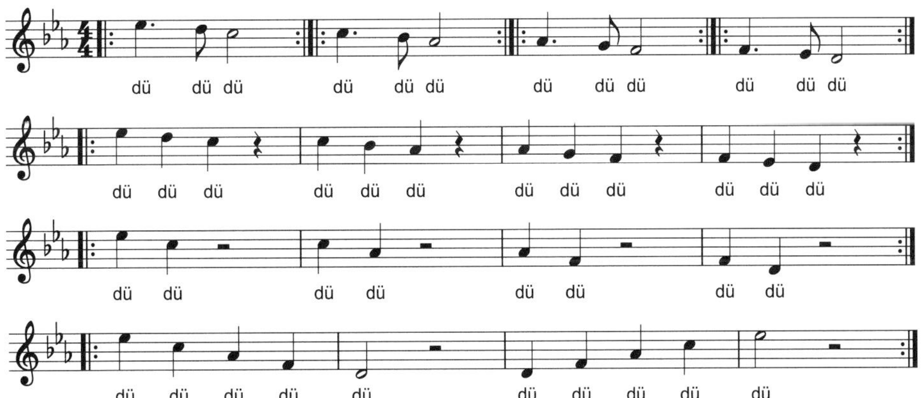

Akustische und optische Einheiten
» Stück vorsingen (Chorleiter, Chorassistenz)
» Audioaufnahmen vorspielen
» Notizen mit rhythmischen Patterns oder melodischen Wendungen anfertigen
» Bild (Malerei / Foto), Filmausschnitt zeigen

Sicherlich ist es auch möglich, ein Stück einfach nur vorzusingen und nachsingen zu lassen (Papageienmethode; siehe oben). Aber wer sagt, dass dafür immer der Chorleiter zuständig ist? Nicht jeder Chor hat die finanziellen und strukturellen Hintergründe, sich eine Chorleiterassistenz leisten zu können (wenngleich es nur von Vorteil sein kann, mehrere stimmliche Vorbilder genießen zu dürfen). Mit dem Einsatz von zeitgemäßen Medien (Streamingdienste, Aufnahmen, YouTube – um nur einige zu nennen) bietet sich jederzeit die Chance, dem Chor eine entsprechende Motivation zukommen zu lassen. Natürlich sollten es keine unerreichbar anspruchsvollen, sehr wohl aber beispielgebenden Aufnahmen sein. Dies ist nicht als Dauereinrichtung gedacht, aber ab und zu einen Anreiz von außerhalb zu bekommen, ist in der Regel durchaus förderlich.

Vielleicht kann man sich aber auch eines Bildes oder eines Filmausschnittes bedienen, dessen Aussage sich jedem erschließt oder einfach nur gut zum Thema passt. Oder man zeichnet mit Hilfe von Noten- oder auch Fantasieschrift rhythmische Patterns oder melodische Wendungen auf, um den Chor so bei einer Einstudierung ohne Noten zu unterstützen. Zur Einstimmung könnte man zum Beispiel eine kurze Chor-Sequenz aus den Filmen „The Blues Brothers“ (siehe Foto), „Aretha Frankling: Amazing Grace“ oder Vergleichbares zeigen, um das Gospel-Feeling zu transportieren. Sowohl dem in Beispiel 5 besungenen Aufruf „sing and shout“ als auch dem dazu benötigten „spirit“ werden darin auf sehr präsente Art und Weise Ausdruck verliehen. Die Chorsänger bekommen die Filmszene als Appetizer präsentiert und können das African-American Spiritual in der selben Stimmung kennenlernen und einstudieren.

Kinetische Einheiten
» (ganz)körperliche Bewegungen ausführen
» Gesten einsetzen, die den Text unterstützen
» Choreographie entwickeln
» Tanzschritte anwenden

Für eine Auflockerung und für eine willkommene Abwechslung in einer stringenten Probe sorgen Bewegungen jeglicher Art. Dies können – zumindest bis zu einer bestimmten Altersgruppe – Gesten sein, die den Text unterstützen. Gesten, die nicht zwingend vom Chorleiter vorgegeben werden müssen, sondern durchaus auch von den Jugendlichen selbst durch Text- oder Liedinterpretation entworfen und bis hin zur Choreographie weiterentwickelt werden können. Je nach Altersstruktur, Literatur und Stimmung im Chor verbinden Tanzschritte bzw. Bewegungsabläufe individuellen Ausdruck und gruppenorientierte Musikalität. Der Einsatz von Tanzschritten erfordert jedoch feines Fingerspitzengefühl in Bezug auf die Pubertierenden im Allgemeinen und – nicht klischeehaft, sondern erfahrungsgemäß – auf die Jungs im Speziellen (siehe Beispiel 6, rechte Seite).

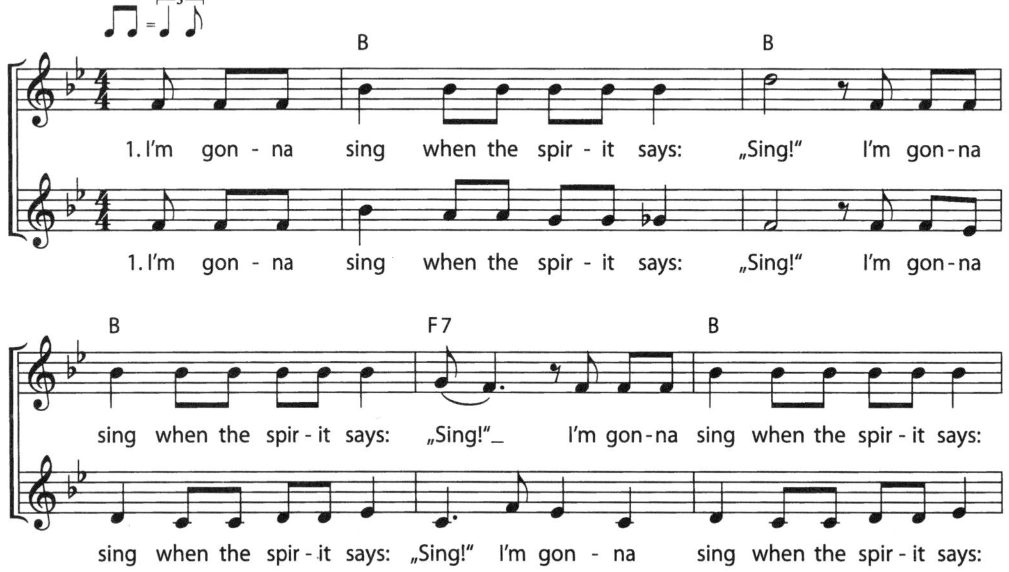

NB 5 · I'm gonna sing (Trad. Spiritual, Satz: Lorenz Maierhofer) (c) HELBLING, Innsbruck-Esslingen-Belp/Bern

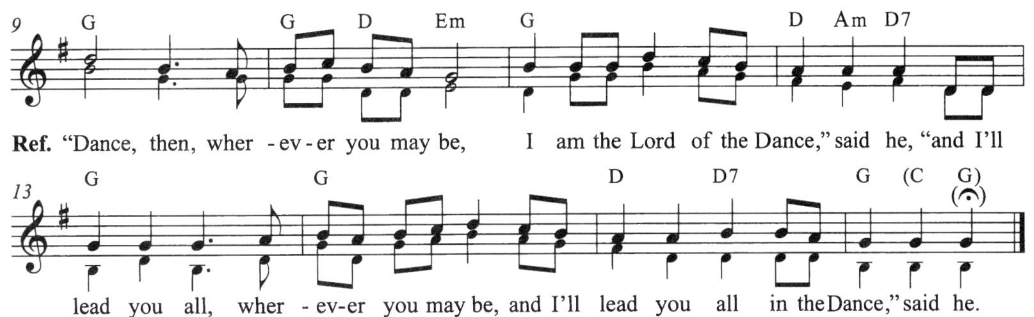

NB 6 · Lord of the Dance (Sydney Carter, 1915–2004, adapted from a traditional Shaker melody)

Mögliche Schrittfolgen (**r**echts-**l**inks) – am Platz und in der gewohnten Choraufstellung (Block oder Halbkreis) ausführbar:

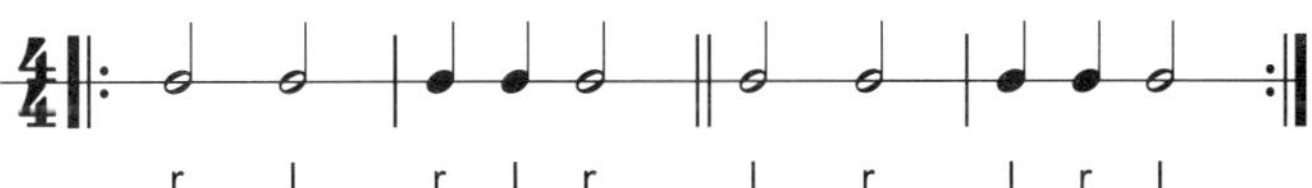

Dauerschleife

- » Dauerschleife
- » harmonische und melodische Ostinati
- » Aufbau der Mehrstimmigkeit
- » Live-Arrangement
- » Live-Einstudierung

So manches Werk lädt durch seine melodisch und harmonisch stimmige Struktur dazu ein, einen kleinen Ausschnitt des Liedes stetig zu wiederholen. In dieser Dauerschleife lässt man eine (beispielsweise viertaktige) Phrase scheinbar endlos immer wieder von vorne beginnen. Die Abläufe können in Text, Sprache oder Tonsilben variieren. Falls es vom harmonischen Aspekt her sinnvoll erscheint, kann der Chorleiter oder ein ausgewählter (darauf vorbereiteter) Sänger bereits über die Dauerschleife einen weiteren Abschnitt oder eine Strophe dazu singen. Im Hinblick auf die Mehrstimmigkeit erarbeitet man den Aufbau der Stimmen stufenweise.

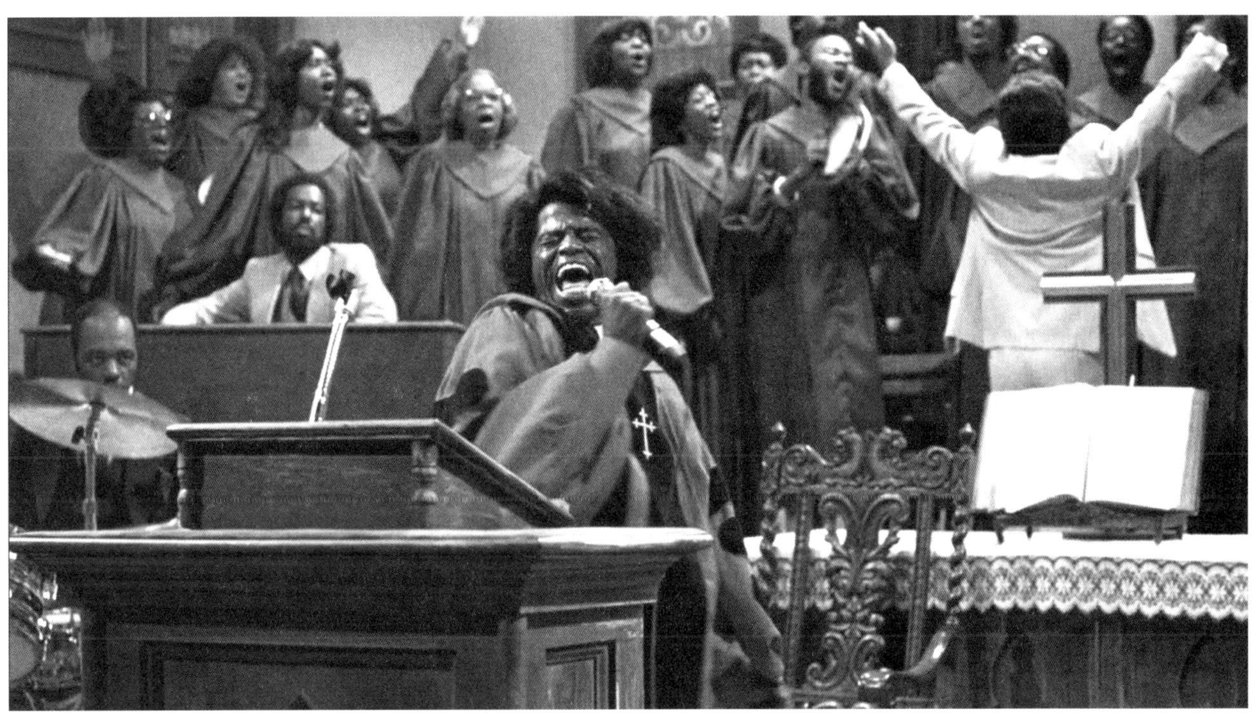

„The Old Landmark": James Brown als Reverend Cleophus James in „The Blues Brothers" (Universal Pictures, 1980)

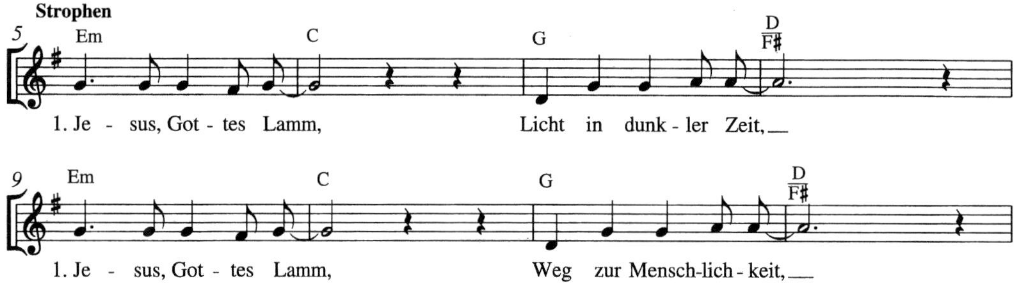

Ostinato zur Melodie:

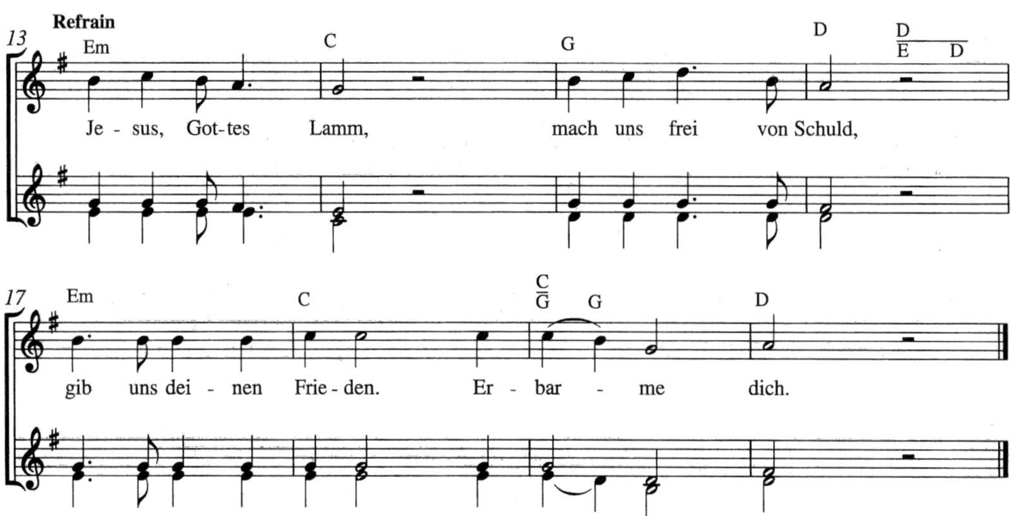

NB 7 · Peter Reulein (Musik), Eugen Eckert (Text): Jesus, Gottes Lamm (c) Strube Verlag, München

Ähnlich verhält es sich bei einer so genannten Live-Einstudierung[2] bei oder bei einem Live-Arrangement[3]. Kurze, prägnante Floskeln werden nach und nach den einzelnen Stimmen zugesungen. Die Dauer sollte hier aber relativ eng eingegrenzt werden. Auch die Balance innerhalb des Chores gilt es zu beachten, so dass alles neu Hinzukommende von jedem Sänger gut gehört werden kann.

Beim Beispiel 7 („Jesus, Gottes Lamm") wird sogar der Refrain zum Ostinato. Er wird einer oder mehreren Stimmgruppen zugeordnet und kann so zur Strophe weitergesungen werden. Die einzelnen Stimmen können, ähnlich wie bei einer Live-Einstudierung, auf Zeichen des Chorleiters nach und nach mit aufgenommen werden.

Diese Aufzählung der Einstiegsmöglichkeiten erhebt keinerlei Anspruch auf Vollständigkeit und darf nach Belieben fantasievoll ergänzt werden. Und auch das Vom-Blatt-Singen darf und soll geübt werden. Es muss ein Gleichgewicht gegeben sein zwischen ansprechend frischen Komponenten und einer festen Probenstruktur. Regelmäßig wiederkehrende Strukturen sind zweifelsohne eine elementare Größe. In Ergänzung mit differenzierten Probenabschnitten sollte so Motivation und Abwechslung gegeben sein.

Prozess Mehrstimmigkeit

Spätestens im Jugendchorbereich sollte man sich mit der Thematik des mehrstimmigen Singens auseinandersetzen. Sofern man im Kinderchor dieses Wagnis noch nicht auf sich genommen hat, ist dies nun doch ein großer Schritt. Ist der erste Prozess zur Zweistimmigkeit geschafft, sind alle weiteren Wege zu noch mehr Stimmen geebnet. In keiner Weise ist dieses Phänomen an eine Altersgrenze gebunden. Es kommt dabei hauptsächlich auf die Methodik des Chorleiters an. Es empfiehlt sich, diese Zielsetzung als eine längerfristige zu verstehen und sie über mehrere Wochen oder gar Monate hinweg zu verfolgen. Bevor man entsprechende Literatur aufbietet, ergreift man die Initiative in allen chorischen Bereichen graduell. Bereits bei der Stimmbil-

2 Live-Einstudierung: notenfreier Einstudierungsprozess eines bereits bestehenden Arrangements.

3 Live-Arrangement: notenfreier Einstudierungsprozess, bei dem das Arrangement spontan bzw. situationsbedingt entsteht.

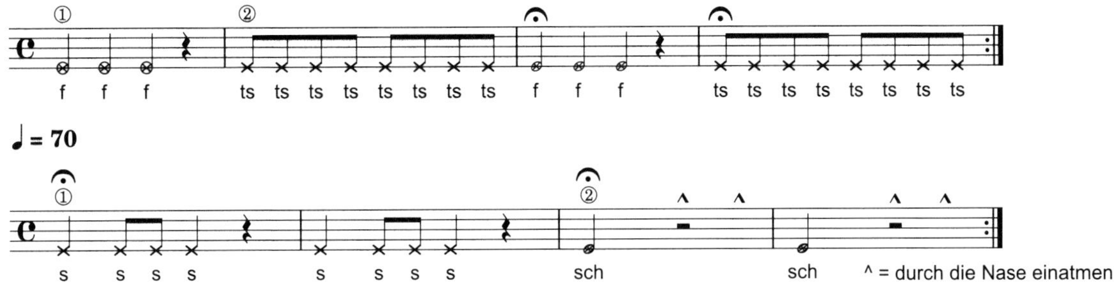

ÜB 2/3 · Atemkanons

dung sollten – für die Sänger wiederum möglichst unmerklich – Elemente übernommen werden, die das Prinzip der Mehrstimmigkeit widerspiegeln: Die Aufteilung in Gruppen (Stimmen) erfolgt am leichtesten, wenn im Hinblick auf Notenwerte, Dynamik, Tonlagen, Silben/Text möglichst gegensätzlich gearbeitet wird. Das System verhält sich ganz ähnlich wie bei der Quodlibet-Praxis: Je eigenständiger und unabhängiger die Stimmdisposition angelegt ist, desto weniger läuft sie Gefahr, sich von der jeweils anderen Stimme aus dem Konzept bringen zu lassen. Dabei geht es nicht darum, sich der anderen Stimme zu verschließen. Die aus der Vergangenheit bekannte Methode, sich ein Ohr zuzuhalten, um sich selbst besser wahrnehmen zu können, ist in diesem Zusammenhang längst überholt. Vielmehr ist es die Aufgabe des Chorleiters, das Gehör zu schulen und den Spürsinn für den mehrstimmigen Chorklang zu schärfen.

Element Atem
Mit Atemkanons (ÜB 2/3 oben) ist beispielsweise ein guter Anfang möglich. Fernab von fixierten Tonhöhen und Melodieverläufen können die Sänger sich auf Ablauf und Atemtechnik konzentrieren. Es geht dabei nicht darum, ein großes „Rauschen“ zu produzieren, sondern mit viel Feingefühl das Zwerchfell zu aktivieren.

Element Rhythmus
Selbst im rhythmischen Sektor kann man über Klatsch-, Stampf- und Schnipseinheiten bis hin zur Bodypercussion Elemente anbieten, die diese Prinzipien aufgreifen. Die Rhythmen können leicht auch spontan überlegt und kombiniert, der Schwierigkeitsgrad gesteigert werden (ÜB 4–7).

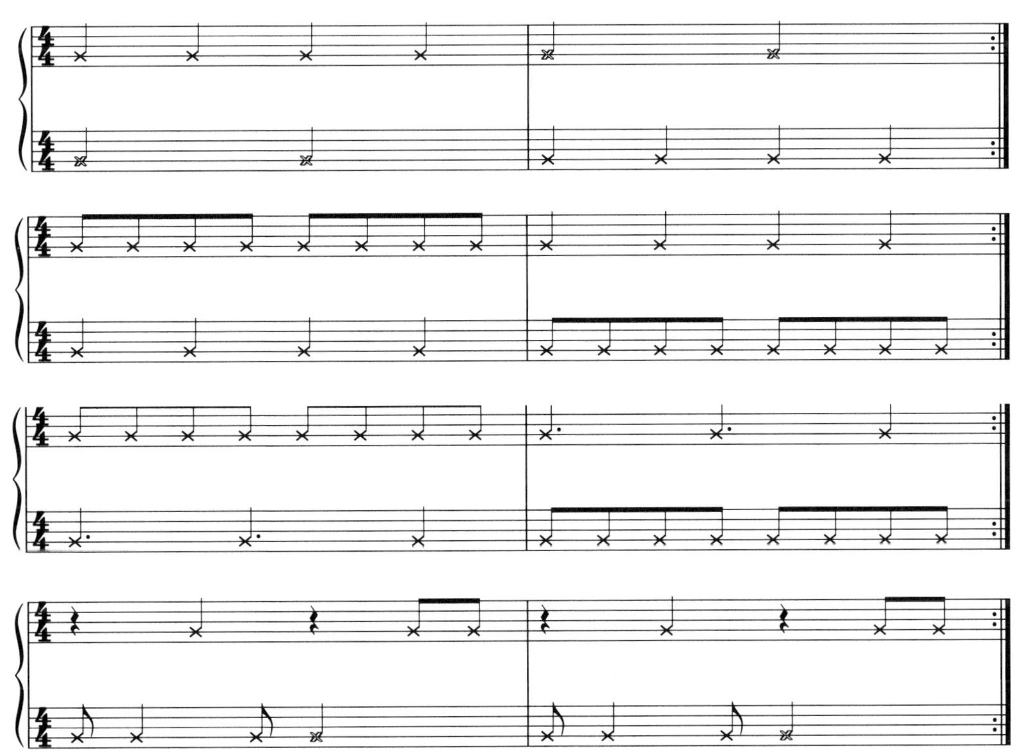

ÜB 4–7 · Klatsch-, Stampf- und Schnipseinheiten

Element Bodypercussion

Es bietet sich an, auch hier auf unterschiedlichen Ebenen zu arbeiten (Einsatz von Füßen, Oberschenkeln, Brustkorb, Händen). Die Abläufe können von den Jugendlichen selbst mitentwickelt werden - von wenigen, leichten Elementen bis hin zu komplizierteren, schnelleren Abläufen eröffnen sich zahlreiche Möglichkeiten. Das zweite der Beispiele unten könnte als Grundlage für Lieder im 3er-Takt dienen. Auch traditionelles Liedgut, wie etwa „Die Gedanken sind frei", „Kein schöner Land" erfahren auf diese Art eine jugendliche Auffrischung.

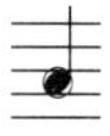 auf die Oberschenkel patschen

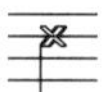 klatschen (alleine oder mit Partner)

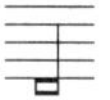 stampfen

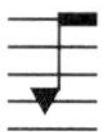 auf den Brustkorb klopfen

Element Stimmbildung

Ebenso verhält es sich mit den typischen Übungen im Fünftonraum (Bsp. 10–12 rechts). Mit ein wenig Kreativität kann man altbewährte oder auch spontan entworfene Melodiefolgen miteinander kombinieren. Beide Stimmen kann man zunächst mit allen Sängern gemeinsam proben.

ÜB 10: Die Verwendung der Vokale, die Bewegungsrichtung der Melodien bzw. Floskeln und die dynamische Gestaltung sind konträr angelegt.

ÜB 11: Ein Orgelpunkt bildet den Gegenpol. Der beabsichtigte Vokalausgleich wird im Gegensatz zur oberen Stimme taktweise entzerrt.

ÜB 12: Zunächst wird die Tonfolge einstimmig geübt. Anschließend erfolgt die Gegenbewegung. Diese kann gleichzeitig gestartet werden oder versetzt als Kanon-Einsatz.

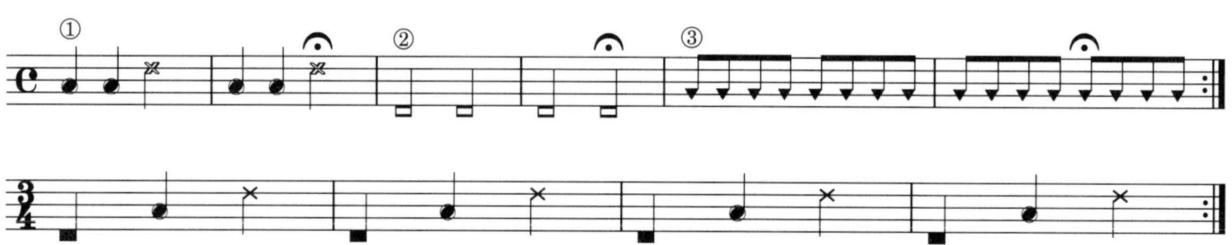

ÜB 8/9 · Bodypercussion

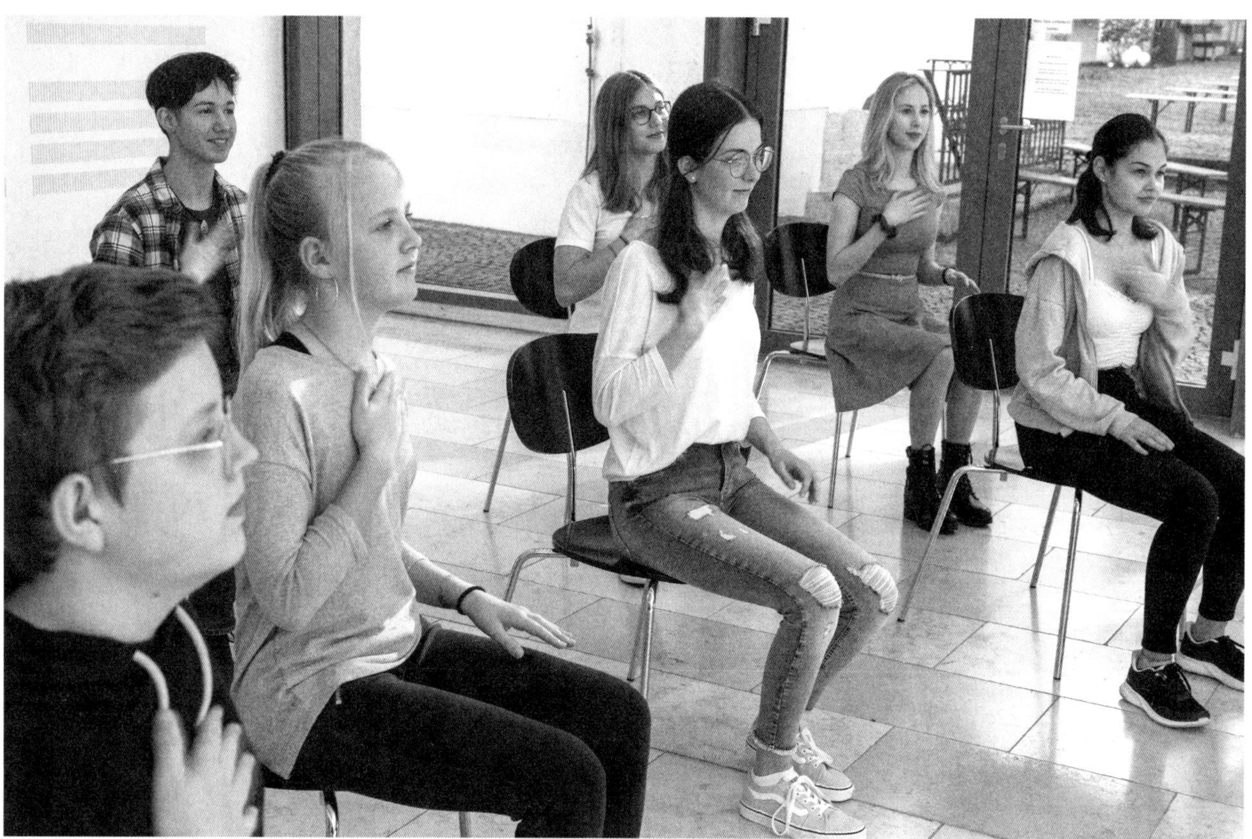

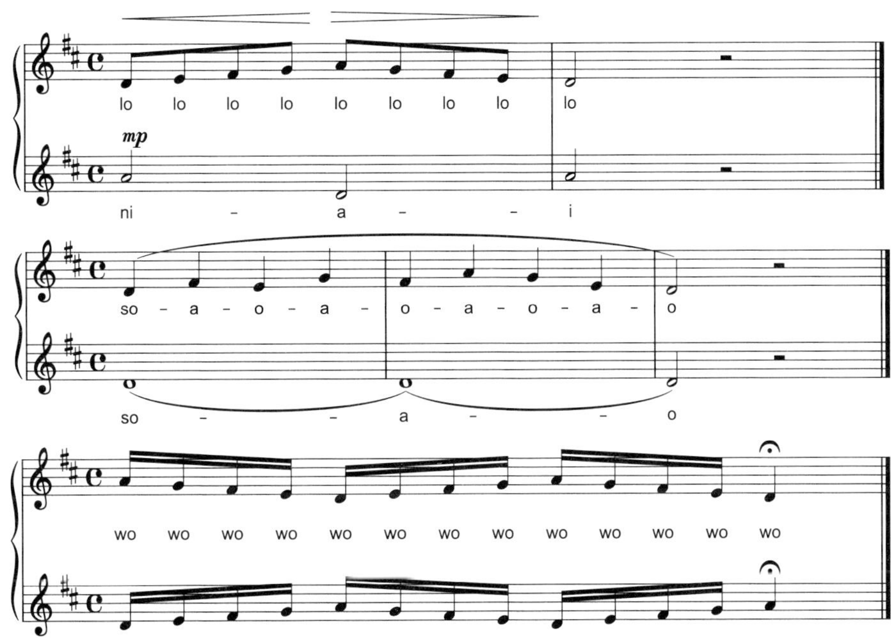

ÜB 10–12 · Übungen im Fünftonraum

Element Ostinato

Lieder, die einen Ostinato-Part beinhalten, lassen sich relativ schnell umsetzen, so dass frühzeitig ein musikalischer Eindruck entstehen kann. Eines der bekanntesten Beispiele ist das textlich vielfältig unterlegbare „I like the flowers". Der letzte Teil des Liedes („dumdidadi") wird als Ostinato verwendet und schon kommt man über vertraute und doch musikalisch gegensätzlich gestaltete Elemente in eine leichte Zweistimmigkeit (NB 8).

Bei Winfried Heinrichs „Ehre sei Gott in der Höhe" (NB 9 auf der folgenden Seite) kann man die markanten Gloria-Rufe zum Ostinato umfunktionieren. Man kann hier nach Worten oder Durchgängen zusätzlich in Dynamik oder Artikulation differenzieren. Die Wahlmöglichkeit zwischen den beiden Oktaven am Ende der Phrase bietet zwar keine tonliche Variation im Sinne einer Dreistimmigkeit, ergibt aber eine zusätzliche Erweiterung für die Ostinato-Gruppe.

Ostinato:

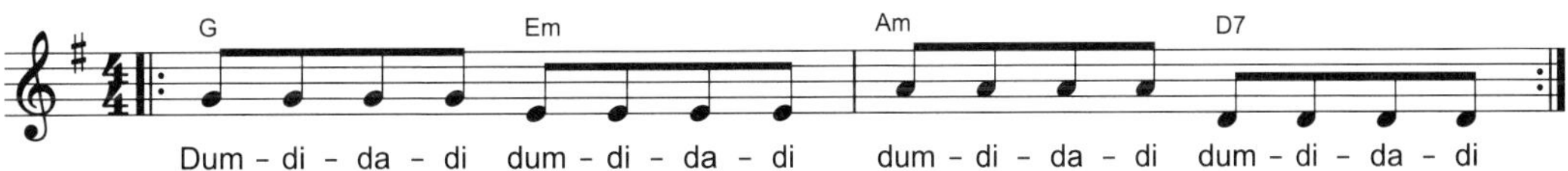

Lied – auch als Kanon ausführbar:

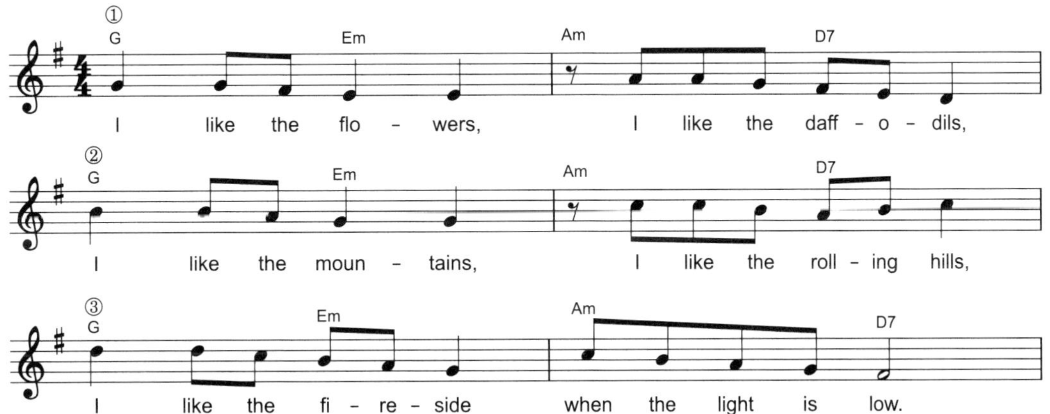

NB 8 · I like the flowers (trad.)

Ostinato:

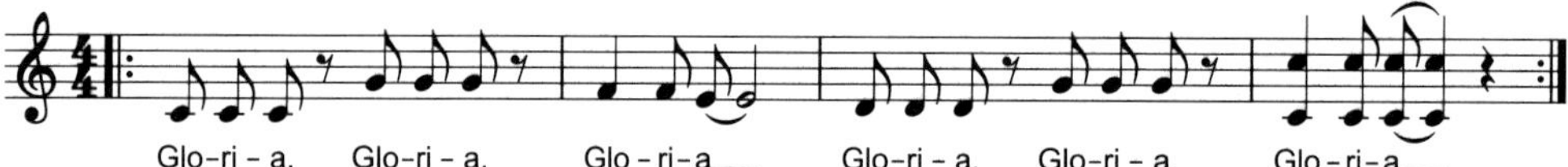

Lied – auch als Kanon ausführbar:

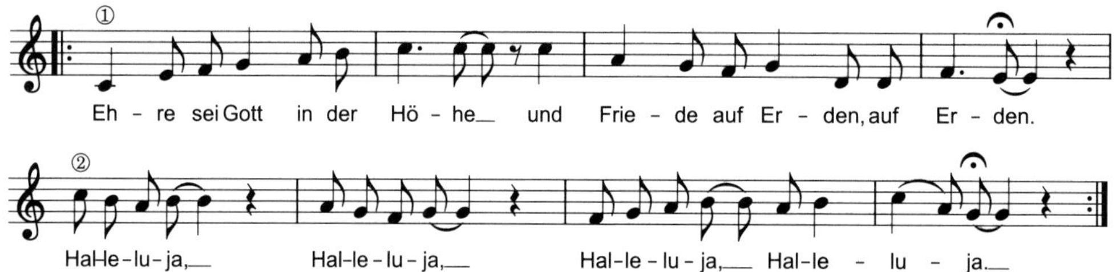

NB 9 · Winfried Heurich: Ehre sei Gott in der Höhe (c) Strube Verlag, München

Element Kanon

Lange Zeit ging man davon aus, dass das reine Kanon-Singen die Mehrstimmigkeit impliziert und fördert. Grundsätzlich: Kanon ja. Jedoch empfiehlt es sich, asymmetrische wie auch symmetrische Kanons zu wählen, deren Struktur in den Segmenten wiederum möglichst konträr ausgearbeitet ist. Hohe Lage versus tiefe Lage, schnellere Notenwerte versus langsamere Notenwerte, absteigende Melodielinien versus aufsteigende Melodielinien. Mit einem Arrangement in dieser Art wird es den Jugendlichen deutlich erleichtert, die eigene Stimme sicher fortzuführen. Bei Kanons mit Dreiklang-Struktur, also in Terzen und Sexten geführten Stimmen, deren Bewegung stets gleichzeitig auf- und abwärts stattfindet, ist es um ein Vielfaches schwerer ausführbar (NB 10–12).

Wichtig ist dabei, dass die Jugendlichen den Stimmen Sopran und Alt (alternativ: erster und zweiter Stimme) fest zugeordnet werden. Manche haben dabei vermutlich Vorlieben, alle anderen dürfen es gerne zunächst austesten. Als Chorleiter sollte man dabei schon vorab versuchen, die Einzelstimmen so gut wie möglich kennenzulernen, um bei der Stimmeinteilung auch sein Urteil abgeben und Zuordnungshilfe leisten zu können.

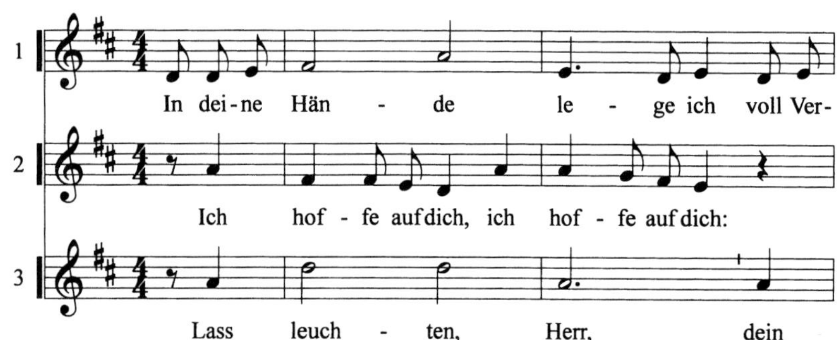

NB 10 · Thomas Nüdling: In deine Hände
(aus Th. Nüdling, 10 Psalmenkanons) (c) Dr. J. Butz Musikverlag, Bonn BU 2928

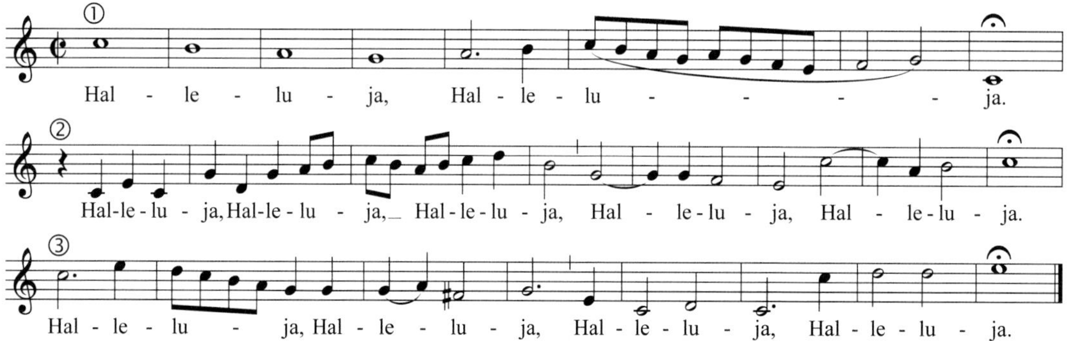

NB 11 · William Boyce: Halleluja

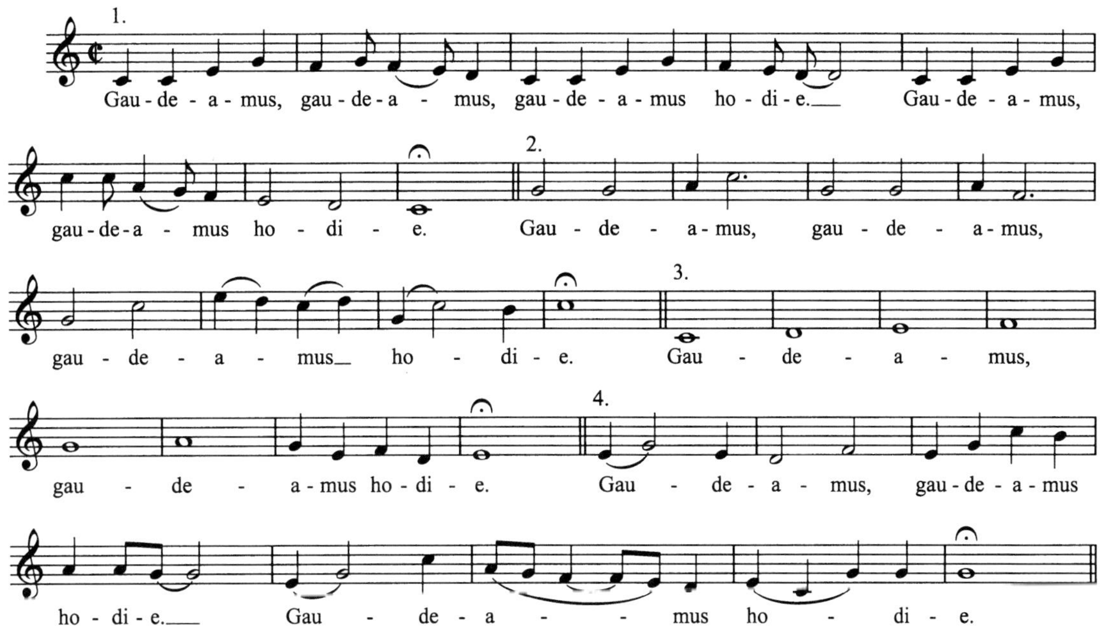

NB 12 · Rainer Butz: Gaudeamus hodie (c) Carus-Verlag, Stuttgart

Auch der Chorleiter als Fixpunkt zwischen den Stimmen spielt dabei eine nicht zu unterschätzende Rolle. Nur mit dem Bewusstsein, dass Dirigierfiguren, Einsätze und Abwinken möglichst mit ritualartig gepflegtem Gestus ausgeführt werden, kann dem Chor musikalische Orientierung zugesichert werden. Es muss die Vertrautheit der Verständigungszeichen gegeben sein, um diesen Stressfaktor zu vermeiden und hier zusätzlich Sicherheit zu vermitteln.

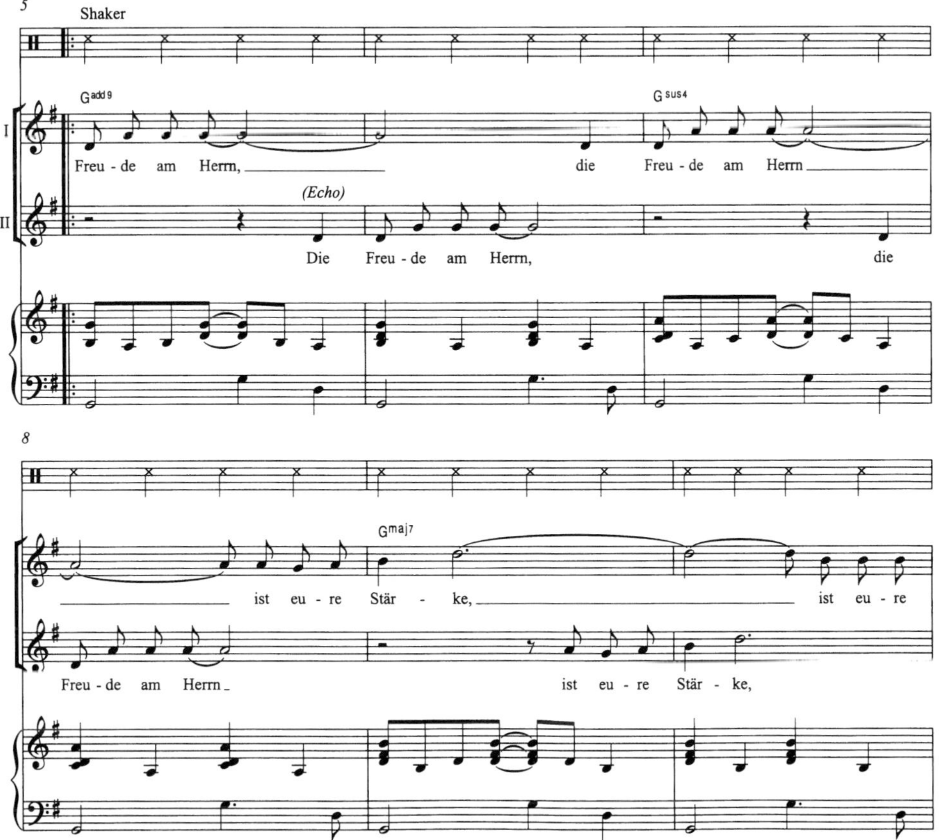

NB 13 · Die Freude am Herrn (Melodie: Anne-Doreen Reinhold, Satz: Matthias Grummet) (c) Carus-Verlag, Stuttgart

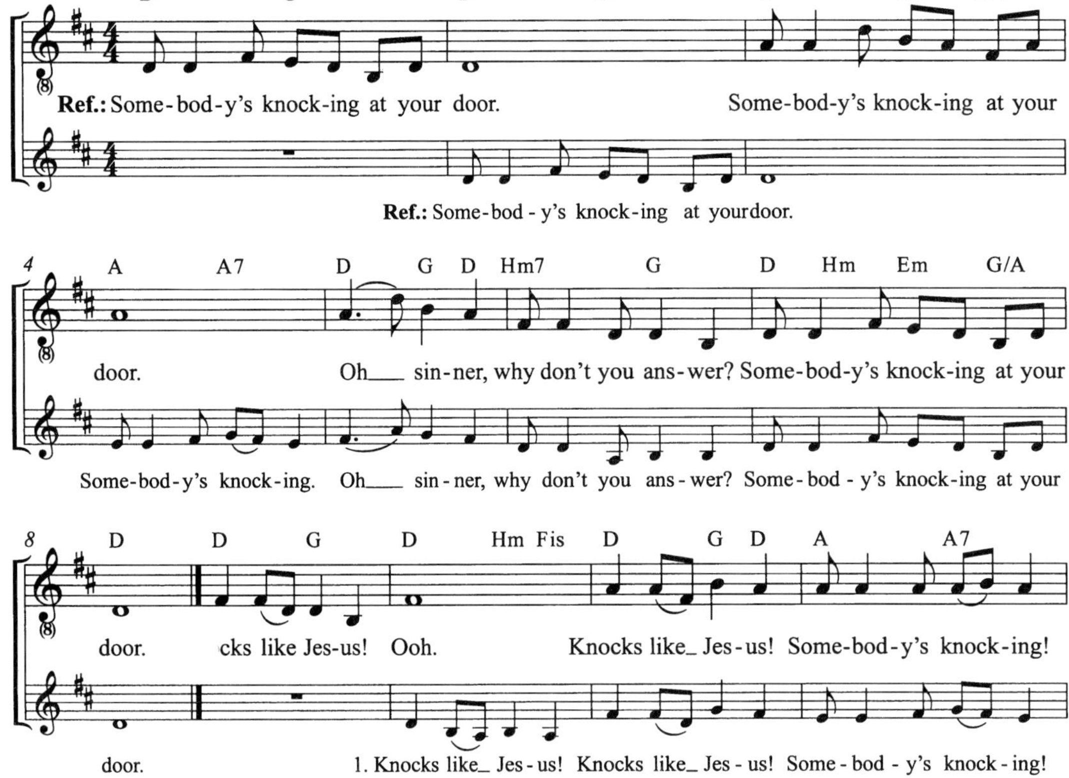

NB 14 · Somebody's knocking at your door (Trad. Spiritual, Arr. Lorenz Maierhofer)
(c) HELBLING, Innsbruck-Esslingen-Belp/Bern

Element Call and Response

Eine weitere, leicht umsetzbare Möglichkeit ergibt sich aus einer Kompositionstechnik, die an das Call and Response-Prinzip angelehnt ist. Während die eine Stimme eine Phrase vorsingt und den Schlusston fermatenähnlich weiterklingen lässt, wiederholt die zweite Stimme dieselbe Phrase ohne den langen Schlusston (NB 13, S. 31, und NB 14). Alternativ ist die Antwort auch mit einer melodischen bzw. rhythmischen Variation praktikabel (vgl. Spiritual „Oh, when the saints" oder „Oh happy day").

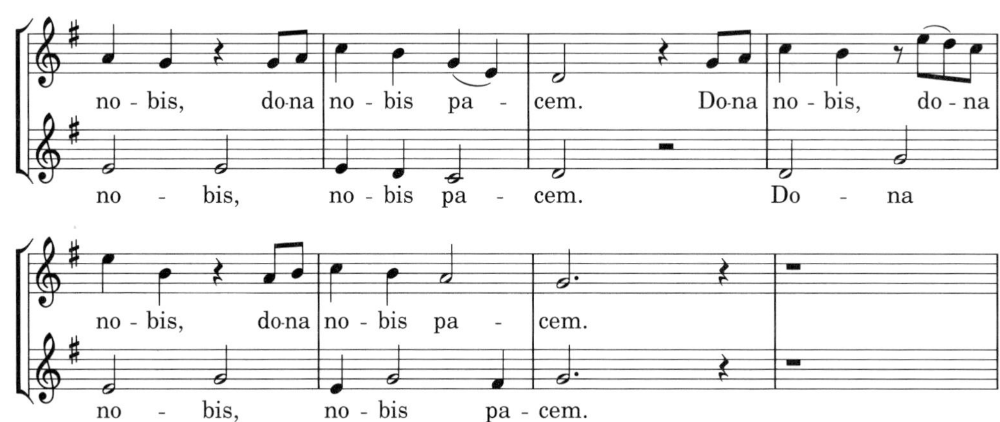

NB 15 · Mary Linn Lightfood: Dona nobis pacem
(c) Heritage Music Press, für D,A,CH: Small Stone Media, Germany

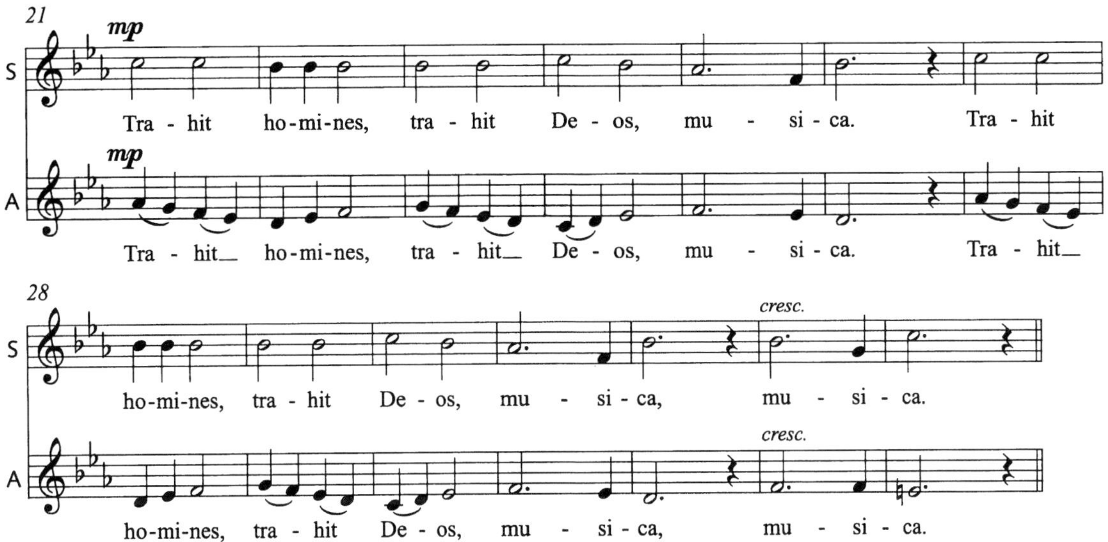

NB 16 · Jerry Estes: Musica Dei
(c) 1997 Heritage Music Press, für D,A,CH: Small Stone Media, Germany

Literaturbeispiele

An den folgenden Literaturbeispielen soll aufgezeigt werden, wie möglichst unabhängige Stimmen scheinbar problemlos kombiniert werden können. Mit ein wenig Übung ist es ausreichend, wenn (Binnen-) Anfänge auf diese Art angelegt sind. Wenn der Einstieg in die Mehrstimmigkeit, der Einstieg in das Stück an sich geschafft ist, ist die Weiterführung der einzelnen Stimmen dann nach und nach auch parallel durchführbar.

NB 15: Das „Dona nobis" der Sopran-Stimme ist sehr melodiös geführt, während die Alt-Stimme mit längeren Notenwerten und Gegenbewegungen konträr angelegt ist.

NB 16: Die Sopran-Stimme wird sehr linear geführt, die Alt-Stimme wird mit den markanten Zweierbindungen und mehr Bewegung gegenübergestellt.

NB 17: Während sich jeweils eine Stimme mit anspruchsvollerer Melodiebewegung viel bewegt, bildet die andere Stimme den Gegenpol mit einer Art Orgelpunkt, der rhythmisch etwas akzentuiert wurde.

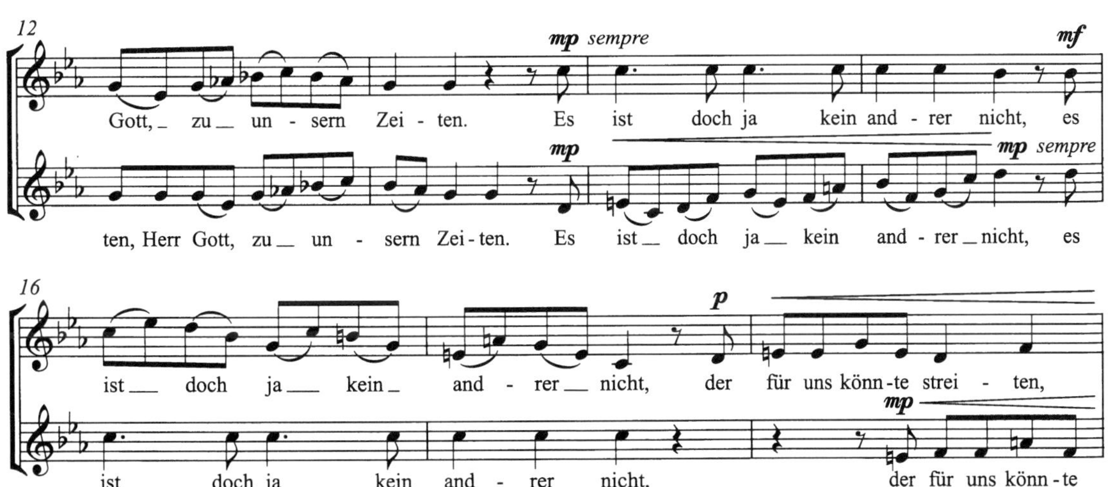

NB 17 · Klaus Wallrath: Verleih uns Frieden (c) Carus-Verlag, Stuttgart

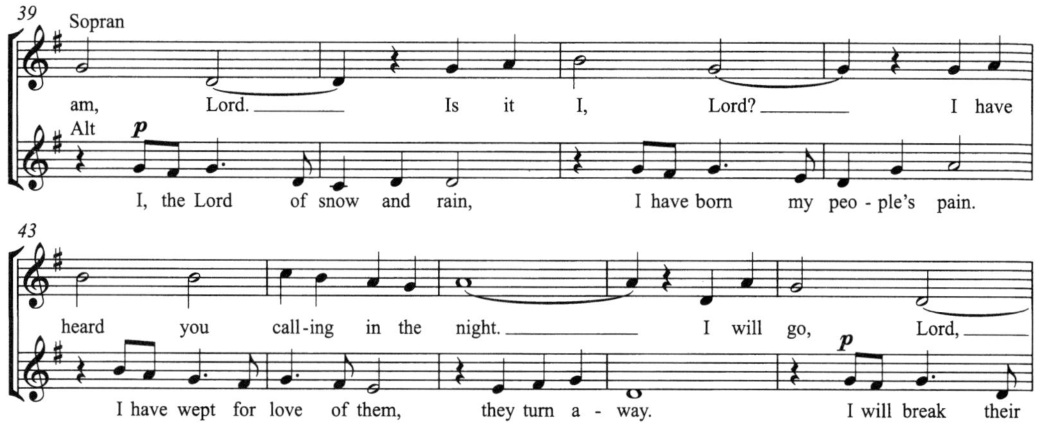

NB 18 · Daniel L. Schutte: Here I Am, Lord (Satz: Andrew Parnell)
(c) 1981 Oregon Catholic Press, für D,A,CH: Small Stone Media Germany GmbH

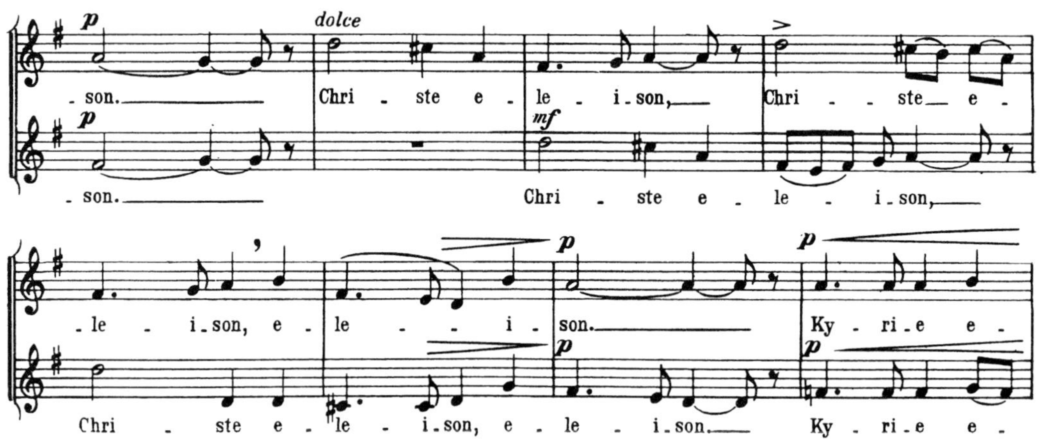

NB 19 · Cécile Chaminade: Kyrie aus der „Messe pour deux égales" (c) B-Note Musikverlag

NB 18: Hier führt die Kombination von Strophe und Refrain zu einer jeweils eigenständigen Stimmdisposition.

NB 19: Versetzte Einsätze in hervorgehobener, exponierter Lage vereinfachen den beiden Stimmen die Mehrstimmigkeit, auch wenn die Phrasen sehr ähnlich angelegt sind.

NB 20: In diesem Beispiel sieht man mehrere Kompositionstechniken zusammengefasst: Orgelpunkt, Komplementärrhythmen, Gegenbewegung.

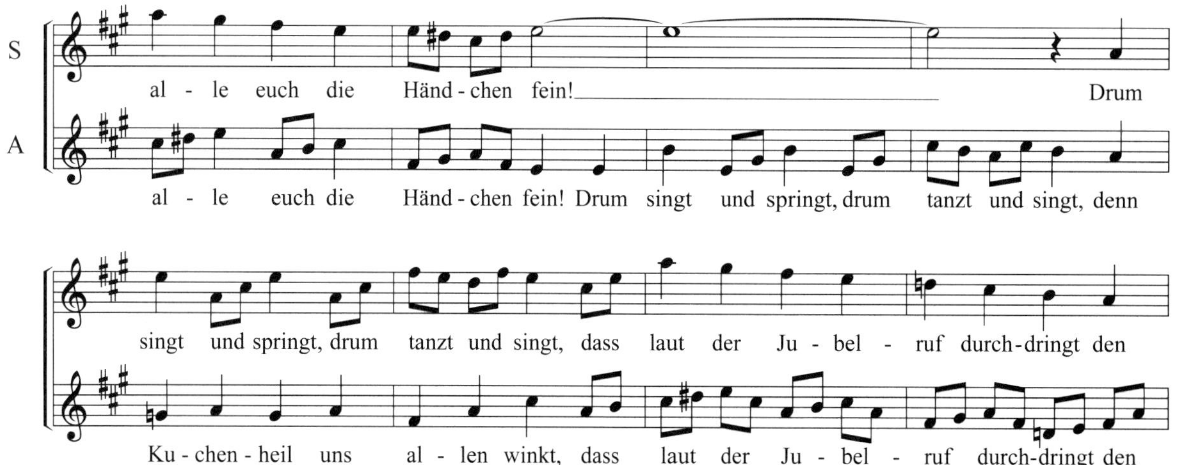

NB 20 · Engelbert Humperdinck: Hänsel und Gretel, drittes Bild, vierte Szene

Mehrstimmigkeit nach dem Stimmwechsel

Mit dem Stimmwechsel der Jungen taucht im Hinblick auf die Mehrstimmigkeit oftmals eine weitere Frage auf: Sind verhältnismäßig genügend Jungen im Chor, so wird man sicher bald über eine eigene Männerstimme im Chorsatz nachdenken. In diesem Fall ist darauf zu achten, dass diese sich in einem Rahmen bewegt, der von Stimmwechslern gut und sicher bewältigt werden kann. Grenzlagen, insbesondere in die Tiefe sollten vermieden werden, denn ein Ausreizen der noch instabilen Regionen würde zu unnötiger Verunsicherung führen.

Doch in vielen Fällen überwiegt die Anzahl der Mädchen. Was also tun, wenn sich der Chor unverhältnismäßig, also zum Beispiel aus 15 Mädchen und zwei Jungen zusammensetzt? Letztere sind möglicherweise nach dem Stimmwechsel noch nicht sicher genug, eine eigene Stimme „halten" zu können. In diesem Fall gibt es mehrere Optionen: Zunächst dürfen die Stimmwechsler noch eine Weile die Melodiestimme mitsingen, um sich an ihre neue Stimme zu gewöhnen, auch um Souveränität zu gewinnen. Man kann dann aber sukzessive Sonderparts finden, die ein Herauslösen ermöglichen. Ostinati sind dahingehend ideal, weil sie auch gut mit allen gemeinsam geübt und anschließend auf die Sänger verteilt werden können. Viele Stücke eignen sich gut, um zumindest für einzelne Abschnitte (z.B. einen Kehrvers) schlichte, eingängige Basslinien zu kreieren. Wenn es die Lage erlaubt, kann diese als kleine Stimmbildungseinheit für den gesamten Chor angewandt werden und beim Erarbeiten der Literatur wiederum den Männerstimmen zugeteilt werden. Diesem Prozess sollte man Zeit geben, gerade wenn die Umstellung Neuland für alle Beteiligten bedeutet. Eine kleine Sondereinheit (15 Minuten) vor oder nach der Probe kann dahingehend zusätzliche Sicherheit verschaffen.

Solmisation

Do, re, mi – oftmals belächelt, jedoch völlig zu Unrecht. Zugegeben: Effektiver ist der Einsatz von relativer Solmisation im Jugendchor, wenn sie vom Vorschul- bzw. Kinderchoralter an intensiv gepflegt worden ist. Das bedeutet nicht automatisch, dass man im Jugendalter nicht mit Solmisation arbeiten kann, wenn dem nicht so ist. Der Ansatz wird jedoch ein anderer sein.

Sowohl im Hinblick auf das Vom-Blatt-Singen als auch in Bezug auf das Erspüren von Intervallen und Klauseln (so-do, ti-do) birgt die Solmisation in jeder Altersstufe viel Potenzial in sich. Während sich Solmisations-Patterns samt Gesten im Kinderchor noch sehr spielerisch erleben und einsetzen lassen, ist es im Jugendchorbereich an der Zeit, diese zu nutzen, um eigenverantwortliches Singen zu fördern. Die Sicherheit in der eigenen Stimme nimmt zu, weil zusätzlich das innere Hören geschult wird. Der Weg von der Tonhöhenwahrnehmung über die Tonhöhenvorstellung hin zur Tonhöhenproduktion ist logisch. Melodien werden – bedingt durch den Grundtonbezug – als Spannungsfeld wahrgenommen (vgl. la-ti-do, fa-mi-re-do). Dieser Grundtonbezug stärkt zusätzlich nach und nach die Intonationssicherheit eines jedes Einzelnen. Hörgewohnheiten entwickeln sich, der tonale Raum einer Oktave wird signifikant erschlossen. Strebetöne (ti, fa) werden wahrgenommen, während relativ neutrale Tonbewegungen (re) oder Verbindungssprossen (la) adäquat sortiert werden. Lassen Sie eine einfache Verbindung wie die Rufterz (so-mi) mehrfach hintereinander singen und unterlegen Sie die Terz mit wechselnden Harmonien. Der harmonische Kontext kann so auf eine neue Art hörend und fühlend erschlossen werden.

All das kann mit wohldosiertem Einsatz erreicht werden. Es geht hier sicher nicht darum, den Chor stundenlang mit Silben zu beschäftigen. Ganz im Gegenteil – es ist eine Reflexion der eigenen sängerischen Möglichkeiten. Darüber hinaus ergibt die Solmisation eine weitere gezielte Option, eine direkte, prägnante Verbindung zwischen Einsingen / Stimmbildung und Praxis / Literatur zu bewerkstelligen. Auch ein Teilweg zur Mehrstimmigkeit kann mit ihrer Hilfe bestritten werden (siehe auch das folgende Kapitel zur Music Learning Theory).

Anhand der Beispiele auf der folgenden Seite soll ein möglicher Weg vom Pattern zur Mehrstimmigkeit aufgezeigt werden. Eine vermeintlich schlichte Kombination aus den Grundtönen der Kadenz kann sukzessive im Schwierigkeitsgrad gesteigert werden. Dies können rhythmische Varianten sein, eingefügte Zwischentöne, Elemente aus der Bodypercussion oder schließlich auch Textmodifikationen.

Schulen und Methoden gibt es mehrere. Reduziert auf den Faktor Solmisation betrachtet, geht es darum, das sängerische Gehör im Hinblick auf Intonation zu aktivieren und den Wohlklang der Stimme ins Bewusstsein zu rücken. Auch wenn der Chorleiter im Jugendchor bereits mehr in Richtung allgemeine Musiklehre arbeiten sollte, können uns diese in vielerlei Hinsicht als Ideenwerkstatt dienen.

Schritt 1: Kadenztöne

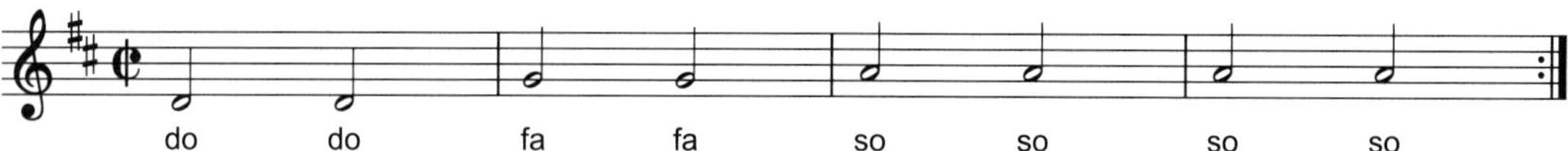

Schritt 2: leichte rhythmische Variation

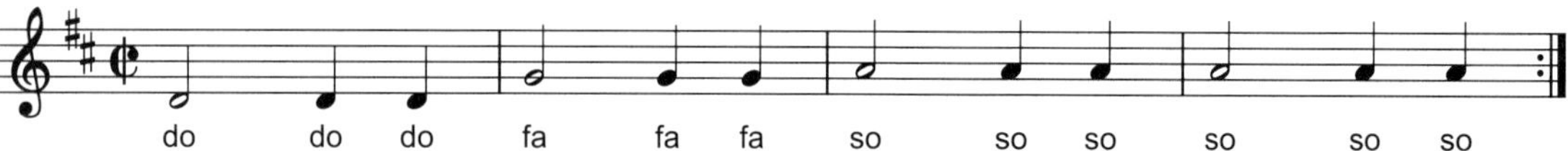

Schritt 3: Steigerung des Schwierigkeitsgrades, evtl. in Verbindung mit klatschen, schnipsen(x)

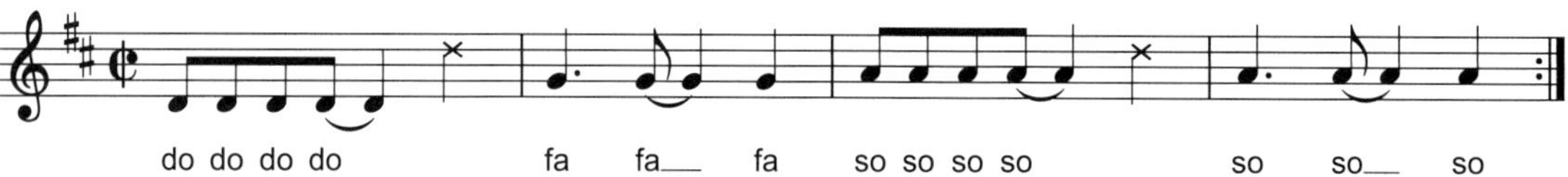

Schritt 4: Textmodifikation

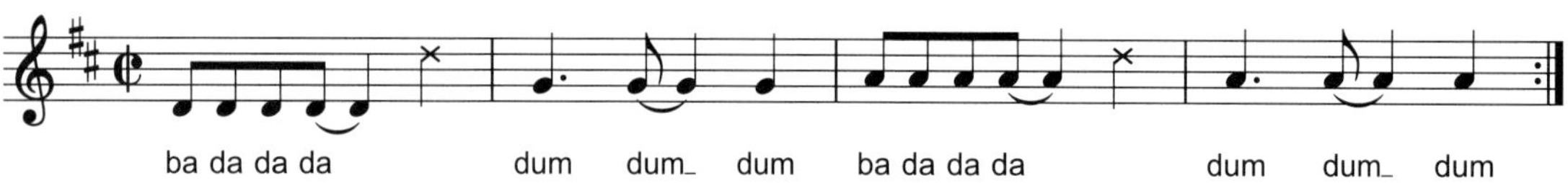

Schritt 5: Hinzufügen einer (bereits bekannten oder separat einstudierten) Melodie, in diesem Fall „Sponono“, ein Lied aus Südafrika.

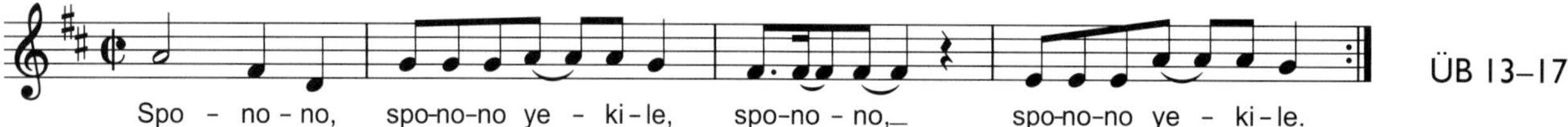

Hintergrund
Wegbereiter für die Entwicklung der Solmisation und damit auch sämtlicher Schulen waren – das wird heute gerne vergessen – Sarah Ann Glover (1785–1867), John Curven (1816–1880), Agnes Hundoegger (1882–1927) und nicht zuletzt deren berühmterer Schüler Zoltán Kodály (1882–1967), der in Ungarn die Relative Solmisation mitsamt der heute noch bekannten Handzeichen (entwickelt von John Curven) als allgemeingültiges Unterrichtskonzept in allen staatlichen Regel- und Musikschulen eingeführt hat.

Die so genannte Kodály-Methode[4] ist mit einem großen Fundus an Materialien und Literatur ausgestattet. Der Weg ist das Ziel. Mit Hilfe von einzelnen Unterrichtselementen, die nicht sukzessive aufeinander aufbauen, sondern als sich gegenseitig ergänzende Module fungieren, trainiert man Kompetenzen wie das Vom-Blatt-Singen und die Fähigkeit, Melodien nach Gehör notieren zu können. Kodály verzichtet durch die pentatonische Anlage seiner Übungen auf Halbtonspannungen. Im Vorwort zu seiner Chorschule fordert er allerdings die Transposition in diverse Lagen und ergänzt die Anweisung: „D [Schreibweise Kodálys für das do; d. Verf.] ist nicht notwendig ‚C‘, sondern immer der Grundton der betreffenden Übung.“[5] So banal sie klingen mag, so oft sollte jeder Solmisations-Einsteiger sich dies in Erinnerung rufen. Auch wenn sein Stil an der ungarischen Volksmusik orientiert ist: Sowohl melodische als auch rhythmische Floskeln lassen sich mit ein wenig Geschick durchaus in zeitgemäße Probenformen integrieren.

Während die umfangreiche und sehr detailliert angelegte Ward-Methode[6] oder auch die Kölner Chorschule[7] wohl zu sehr auf das Kinderchoralter ausgerichtet sind, um daraus für den Jugendchor geeignete Elemente anpassen zu können, bietet die

4 Erzsébet Szőnyi: Aspekte der Kodály-Methode. Diesterweg, Frankfurt am Main 1973; Zoltán Kodály: Choral Method, 333 Elementary Exercises in Sight Singing, Boosey & Hawkes 1957.

5 Zoltán Kodály: Chorschule Zweiter Teil, 333 elementare Übungen im Singen vom Blatt, Boosey & Hawkes, Deutsche Ausgabe, Berlin 1998, Vorwort.

6 https://ward-zentrum.de (02.09.2020).

7 Richard Mailänder u.a.: Kölner Chorschule, Carus-Verlag, Köln 2019.

Music Learning Theory nach Edwin E. Gordon[8] eine bunte Palette an methodischen und didaktischen Varianten. Es lohnt sich, diese noch genauer zu betrachten. Es sei jedoch darauf verwiesen, dass auch diese Theorie (Achtung: keine Schule!) die Solmisation implementiert – neben vielen anderen Faktoren. Entsprechend mannigfaltige Möglichkeiten werden geboten.

Probenmethodische Elemente, orientiert an der Music Learning Theory (Edwin E. Gordon)

In Gordons Theorie sind melodisch-tonale, harmonische, rhythmisch-metrische Zusammenhänge sowie Artikulation und Intonation, aber auch Themenkomplexe wie Atmung und Zusammenspiel verankert. Der stufenweise angelegte Lernprozess geht immer von der Leistungsfähigkeit eines jeden Menschen aus. Das Alter der Sänger spielt in diesem Fall keine Rolle. Die Gegebenheiten und Inhalte müssen entsprechend individuell (an Einzelne, an die Gruppe) angepasst werden. Als zentralen Begriff hat Gordon dafür die Audiation geprägt (abgeleitet vom englischen Verb „to audiate"). Hierbei geht es nicht um bloßes auditives Wahrnehmen und anschließendes Wiedergeben, wenngleich das auch Bestandteil des Prozesses ist. Viel wichtiger ist das „Hören und Verstehen von Musik, die nicht physikalisch erklingt (Audiation: hearing and understanding music without physical sound)"[9], also das „Denken in Musik"[10]. Seine Idee gliedert Gordon in drei Kapitel: die Fertigkeiten-Lernsequenz, die Lernsequenz der rhythmischen Inhalte und die Lernsequenz der tonalen Inhalte[11]. Nun würde es zu weit führen, hier den komplexen Gesamtaufbau der Music Learning Theory aufzuzeigen. Wenngleich ich zumindest die Lektüre der deutschen Übersetzungen / Zusammenfassungen wärmstens empfehlen kann. Nichtsdestotrotz möchte ich im Folgenden einige methodische Elemente darstellen, die an den Gordonschen Lernsequenzen orientiert sind und auch ohne großes Hintergrundwissen bei reinen Literaturproben angewandt werden können.

8 https://www.gordon-gesellschaft.de/edwin-gordons-music-learning-theory-eine-einfuehrung/ (02.09.2020).

9 Gordon, Edwin E.: Learning Sequences in Music, 2007, S. 361.

10 https://www.gordon-gesellschaft.de/edwin-gordons-music-learning-theory-eine-einfuehrung/ (02.09.2020), Audiation.

11 vgl. https://www.gordon-gesellschaft.de/edwin-gordons-music-learning-theory-eine-einfuehrung/ (02.09.2020), Lernsequenz

Während der Chorleiter ein neues, dem Chor noch unbekanntes Stück mehrere Male hintereinander vorsingt bzw. vorspielt, bekommen die Sänger des Jugendchores diverse Aufgaben. Die Atmosphäre ist trotz der Aktivitäten in der Regel geprägt von Ruhe und Konzentration.

Freie, tänzerische Bewegung (im Raum)
Dies geschieht ohne jegliche Vorgaben, nur nach eigenem Empfinden und kann orientiert sein an Taktschwerpunkten oder Phrasierung.

Rhythmische Impulse erleben
Nebenpulse („Microbeats") oder Hauptpulse („Macrobeats") bieten die Grundlage für Klopfen, Patschen, Schnipsen. Die Pulse können auch vermischt / kombiniert werden.

Grundtonbezug erkennen
Der Chorleiter unterbricht das Vorsingen an Phrasenenden und lässt vom Chor den (jeweiligen) Grundton finden / singen. Das ist auch auf Solmisationssilben möglich. Alternativ könnte der Chor die Grundtöne auf Solmisationssilben parallel zum Gesang des Chorleiters singen.

Hören
Nach diversen Aufgaben erfolgt wieder ein Durchgang, bei dem die Sänger ausschließlich zuhören.
Je nach Stimmung dürfen die Augen der Sänger dabei geschlossen sein, um Ablenkungen auszuschließen.

Audiieren
Anschließend dürfen die Sänger das Lied das zu diesem Zeitpunkt noch kein Sänger aktiv / laut mitgesungen hat) „innerlich hören". Der Chorleiter gibt dazu den Einsatz, alle atmen gemeinsam. Jeder singt das Lied für sich, sprich: lautlos.

Wiederholen
Nach dem Audiieren sollte man den Sängern stets die Möglichkeit geben, Fehler zu verbessern und Lucken zu füllen. Insofern sei ihnen nochmals ein vorgesungener Durchgang gegönnt.

Chordurchgang
Erst dann singt der Chor das Stück zum ersten Mal gemeinsam. Erst dann wird konkret an einzelnen Stellen, Intervallen, Übergängen etc. geprobt.

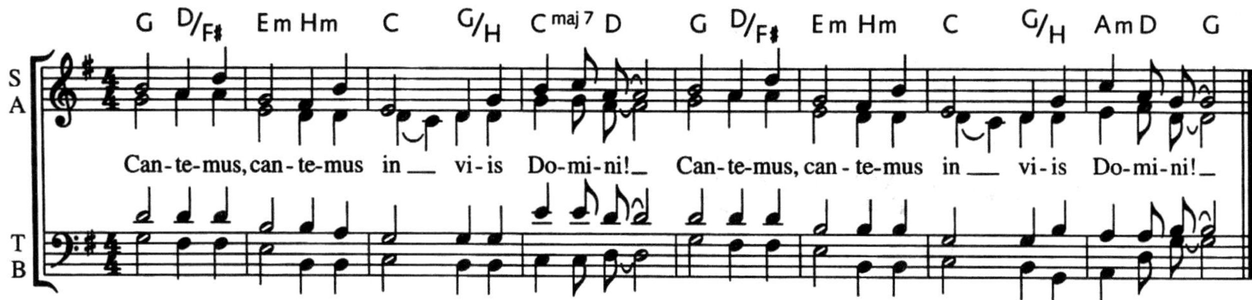

NB 21 · Cantemus in viis Domini (Melodie: Martin Berger, Satz: Thomas Gabriel) (c) Carus-Verlag, Stuttgart

Das ist nur ein recht frei gestaltetes Beispiel für mögliche Komponenten. Der Chorleiter-Fantasie sind in diesem Zusammenhang keine Grenzen gesetzt. Oftmals kann man auch einzelne Punkte aus dieser Tabelle isoliert anwenden. Man umgeht so das eintönige Vor- und Nachsingen, während man die Jugendlichen in ihrer eigenen sängerischen Verantwortung fördert. Auf praktische Art und Weise schafft man so auch neue Inspiration und chorische Souveränität. Eine mögliche Anwendung dieser Elemente wird anhand des Beispiels 21 oben aufgezeigt.

Freie, tänzerische Bewegung (im Raum)

» **Chorleiter:** Spielt zwei bis drei Durchgänge am Klavier vor, die Einheit wird rein instrumental ausgeführt.

» **Jugendchor:** Die Jugendlichen können entweder im Sitzen oder an ihrem Platz stehend Impulse setzen. Das kann in Form von Schritten sein oder mit einem leisen Klopfen auf die Oberschenkel. Das könnte auch mit geschlossenen Augen ausgeführt werden. Sofern keine Scheu vorhanden ist, dürfen sie sich auch gerne frei im Probenraum bewegen. Jeder sollte selbst entscheiden, zu welchen Pulsen man sich bewegt (Möglichkeiten: auf Halbe, Viertel oder sogar Ganze). Mit ein bisschen Chorerfahrung und Musikalität ist es in dieser Altersgruppe unwahrscheinlich, dass sich einzelne Sänger völlig arrhythmisch bewegen.

Rhythmische Impulse erleben

» **Chorleiter:** Spielt zwei bis drei Durchgänge am Klavier vor, er singt die Melodiestimme auf Text dazu.

» **Jugendchor:** Im Gegensatz zu den freien Bewegungen wird nun der Puls vorgegeben. Es empfiehlt sich, mit dem Puls zu beginnen, der dem allgemeinen Musikempfinden am nächsten kommt. Die Macrobeats werden hier als Halbe festgelegt. Es wechselt dann zu Vierteln, aber auch mal zu Ganzen. Fortgeschrittene Chöre können das auch kombiniert üben: z. B. mit den Füßen auf Halbe wechselnd stehen / gehen, während die Hände Viertelpulse auf den Brustkorb / die Oberschenkel klopfen.

Grundtonbezug erkennen

» **Chorleiter:** Singt zwei bis drei Durchgänge auf Text, begleitet sich dabei mit dem Chorsatz auf dem Klavier. In Takt 4 und 8 werden die Zählzeiten 3 jeweils mit einer Fermate versehen.

» **Jugendchor:** Die Sänger erkennen selbstständig und singen auf Ton- oder Solmisationssilbe den Grundton.

anschließend

» **Chorleiter:** Singt je nach Schwierigkeitsgrad die gesamte Grundtonlinie (ÜB 18, rechte Seite) oder die vereinfachte Version davon (ÜB 19) vor. Beide Varianten sind mit Solmisationssilben möglich, aber nicht zwingend notwendig. Um nicht zu viel auf einmal zu fordern, wird der Abschnitt in je vier Takte untergliedert.

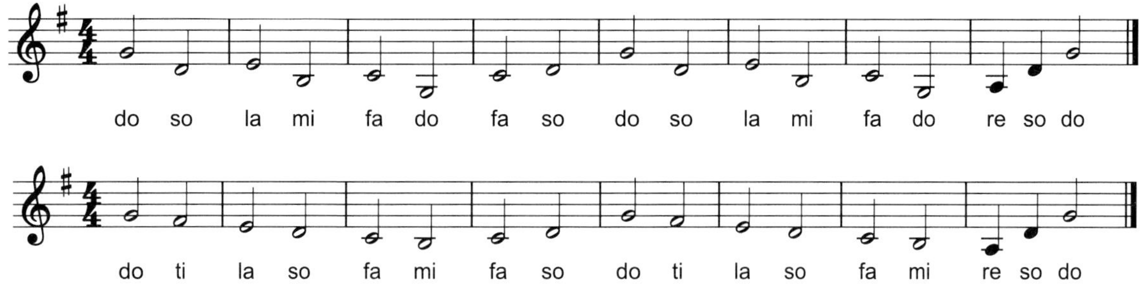

ÜB 18/19 · Grundtonbezug

Anmerkung: Diese Linien können auch bereits beim Einsingen vorab geübt werden.

» **Jugendchor:** Singt die jeweils vier Takte nach, während der Chorleiter den gesamten Chorsatz auf dem Klavier ergänzt.

Hören

» **Chorleiter:** Singt die Melodiestimme auf Text und spielt den gesamten Chorsatz (zwei Durchgänge).

» **Jugendchor:** Die Sänger hören bewusst hin, gerne auch mit geschlossenen Augen.

Audiieren

» **Chorleiter:** Gibt den „Choreinsatz", alle atmen gemeinsam.

» **Jugendchor:** Jeder singt die Melodie für sich, sprich: lautlos, innerlich. Der Text darf dabei artikuliert werden.

Wiederholen

» **Chorleiter:** Möglicherweise gab es beim Audiieren Stellen, an denen die Sänger „falsch gesungen" haben oder nicht weiterwussten. Deshalb sollte man nun einen weiteren Durchgang starten, um Fehler reparieren und Lücken füllen zu können (zwei Durchgänge). Dieser zweite Durchgang kann nun ausschließlich die auf Text gesungene Melodie beinhalten oder der Chorleiter singt die Melodiestimme und spielt den Chorsatz am Klavier mit.

» **Jugendchor:** Singt spätestens beim zweiten Durchgang mit.

Chordurchgang

» **Jugendchor:** Der Chor singt die Melodiestimme gemeinsam, sowohl a cappella als auch mit Begleitung. Erst dann wird konkret an einzelnen Stellen, Intervallen, Vokalfärbung, Intonation, Mehrstimmigkeit etc. geprobt.

STIMMBILDNERISCHE PERSPEKTIVEN

Die wohl größte Herausforderung hinsichtlich der Thematik Stimmbildung im Jugendchor besteht darin, eine altersgerechte Entwicklung beim Übergang von den spielerisch leichten Übungen im Kinderchor zu den anspruchsvolleren Übungen im Jugendchor zu schaffen und dabei die individuelle Stimmentwicklung und auch Probleme während der Mutationsphasen zu berücksichtigen. In den folgenden Beispielen wird eine durchaus erwachsenere, fördernde, klassische Auswahl an Möglichkeiten aufbereitet.

Einsingen zu Beginn einer Chorprobe

Die Planung eines Einsingens zu Beginn einer Probe erfordert viel Feingefühl und unter Umständen auch Vorbereitungszeit. Schließlich gilt es hier, eine Schar an Individuen, die mit unterschiedlichsten Voraussetzungen zur Chorprobe kommt, zu vereinen und auf ein gemeinsames Ziel zu fokussieren. Zwischen Schularbeit, Fußballtraining, Geschwisterkonflikt, Liebeskummer und Klavierunterricht liegen stimmungstechnisch betrachtet Welten. Die Aufgabe des Chorleiters besteht also erst einmal darin, eine gemeinsame Basis zu schaffen. Körperliche Dispositionsübungen sollen nicht nur Lockerung und Sängerhaltung, sondern auch eine gewisse innere Bereitschaft fördern. Die Gruppe soll so ankommen. Erst dann wird der Weg von (anderen) sozialen Interaktionen hin zum gemeinsamen Singen eröffnet.

Die altersspezifischen Entwicklungsphasen, die im Jugendchor vertreten sind, erfordern von Seiten des Chorleiters gleichermaßen Interesse, Verständnis, Sensibilität und Spontaneität. Ziel muss es sein, einen Ort der Geborgenheit zu schaffen, an dem der Chor als Gemeinschaft erlebt wird, und trotzdem die Aufmerksamkeit jedes einzelnen Teilnehmers zu bekommen. Keine leichte Aufgabe, wenn man bedenkt, dass der Erfolg beim Einsingen entscheidend sein kann über den Verlauf der weiteren Probe. Ja, Stimmbildung „ist auch rationale Überzeugungsarbeit“[12]. Deshalb ist Freude am (gemeinsamen) Singen ein äußerst wichtiges Kriterium.

12 Rainer Pachner: Vokalpädagogik, Theorie und Praxis des Singens mit Kindern und Jugendlichen, Kassel 3/2008, S. 41.

Die Anlage der Übungen selbst sollte kurz und knackig, aber klar gegliedert und effektiv sein, wobei die Inhalte sich stets an den zu probenden Musikstilen orientieren sollten. Eine sture Abhandlung dauernd wiederkehrender Abläufe kann schnell demotivierend wirken. Zwar wird man die Tonfolgen im Bereich des Fünftonraumes oder einer Oktave nicht ständig neu erfinden können[13], eine Adaption zeitgemäßer Ansätze wirkt jedoch unverbraucht frisch. Die Vermittlung der Übungen erfolgt so weit als möglich per nonverbaler Kommunikation. Der Chorleiter dient dabei stets als Vorbild. Körperhaltung, Gesang, Atmung – die Jugendlichen übernehmen intuitiv den musikalischen und körperlichen Habitus.

1. Sektor: Disposition & Atmung

Um potenzielle Hemmungen bei der Ausführung reinen Körpertrainings zu umgehen, werden unter diesem Punkt relativ große Themenkomplexe miteinander kombiniert:

Körperlockerung / Sängerhaltung / Ruhe / Atemimpulse

Gerade im Zuge körperlicher Entwicklung muss die bewusste Wahrnehmung vom Zusammenspiel der Muskeln und Organe vermittelt werden. Parallel dazu wird das Atemvolumen trainiert. Außerdem muss für die Jugendlichen die Wechselwirkung zwischen Anspannung und Entspannung veranschaulicht werden. Sie müssen lernen, dass Ruhephasen zwischen den Einheiten zwingend erfolgen müssen. Antagonistische Bewegungen können aktiv (Sänger übernehmen die Gesten) wie auch passiv (Sänger sehen die Gesten des Chorleiters) eingesetzt werden, um Balance und Intonation zu stabilisieren.

Mögliche Inhalte: Bewegung, Lockerung, Atemübungen, Atempatterns, Atemkanons, Nachspüren, Stille.

Die vor allem in der Pubertät häufig auftretenden Stimmungsschwankungen machen sich beim Sin-

13 Mit den folgenden Ideen werde auch ich das Rad nicht neu erfunden haben. Gerade innerhalb des Fünftonraumes gibt es zwar ein sehr breites Spektrum, aber nicht unzählig viele sinnvolle Variationen. Es ist ein Fundus an erprobten Beispielen, die flexibel abgeändert und verwendet werden können.

gen teils durch Über-, teils durch Unterspannung bemerkbar. Damit der Atem fließen kann, ist es zunächst wichtig, für eine aufgerichtete Körperhaltung zu sorgen. Auch hier kommt wieder das bereits mehrfach zitierte „Stitzen“ zum Tragen, eine Mischung aus Sitzen und Stehen, so dass die Bauch- und Tiefatmung noch im Sitzen (auf der vorderen Stuhlkante) möglich ist. Ungeliebtes Stehen, aber auch unmanierliches Lümmeln wird so vermieden. Neben der möglichst bewusst gestalteten Bauch- und Zwerchfellatmung ist eine kontrolliert sparsame Luftabgabe das Hauptziel der Atemübungen.

Entspannung
» Augenbrauen, Stirn, Schläfen sanft massieren, die Backen nach unten ausstreichen, Kieferpartie mit den Kaumuskeln aktivieren, Nacken punktuell sanft kneten.
» Oberkörper nach unten fallen lassen (ist im Sitzen und im Stehen möglich) und Wirbel für Wirbel aufrichten.
» Schultern kreisen (kleine und große Kreise) und nach hinten ablegen.

Schattenboxen
» Boxbewegungen werden imitiert und mit impulsiven Lauten in Verbindung gebracht [p, t, k] oder auch Kombinationen [pf, tsch, psch, ft].

Wasser
» Schwimmbewegungen werden imitiert oder auch Laufbewegungen im Wasser.
» Das Wasser wird aktiv und mit Spannung „zur Seite geschoben“.
» [sch, s, f, w] begleiten die Bewegungen.

Yoga
» Bewusst und intensiv durch die Nase einatmen, durch den Mund dezent aushauchen
» Vorstellung: einen Spiegel anhauchen
» Yoga-Gesten können unterstützend eingesetzt werden.

Tablett
» Ohne vorherige bewusste Einatmung den vorhandenen Atem ausströmen lassen.
» Eine Hand serviert den Atemstrom mit einer nach vorne / oben führenden Geste auf dem Tablett.
» Wenn die Luft im Anschluss von selbst wieder einfällt, sinkt die Hand bzw. der Arm schwer nach unten.
» [f, s]

Aktivierung
beider Gehirnhälften durch Kombinationen:
» Eine Hand zeichnet kleine, schnelle Kreise nach innen, eine Hand zeichnet gleichzeitig große, langsame Kreise nach außen.
» Vor allem nach Pausen oder bei längeren Proben als Pauseneinheit zwischendurch empfehlenswert.

Trommler
» Beide Hände klopfen nacheinander je 8x auf den Kopf, auf den Brustkorb, auf den Bauch, auf die Oberschenkel.
» Die Einheiten werden nach und nach kleiner: 8x, 4x, 2x, 1x.
» Tempo: schnell oder alternativ steigernd.
» Die Klopf-Bewegungen können synergetisch mit [p, t, k] begleitet werden (dann evtl. nur 4x, 2x, 1x) oder die Kopf-, Brustkorb-, Bauch- und Oberschenkel-Abschnitte werden antagonistisch von jeweils gleichmäßig fließendem [sch, s, f] begleitet.

Massage
» Auch die Stimmbänder dürfen massiert werden. In Verbindung mit Glissando kann ein kräftig rollendes Zungen-[r] oder auch ein Gaumen-[r] für Entspannung und Flexibilität sorgen. (Achtung: Jeder wählt die angenehme Variante; besser unterlassen, wenn es einzelnen Sängern schwerfällt, eines davon auszuführen)

Slackline
» Wir stellen uns mit aufrechtem Oberkörper auf die imaginäre Slackline und gehen vorsichtig, aber nicht ängstlich verkrampft vorwärts. Das Balancieren auf einer Linie soll ein erhabenes Gefühl vermitteln.
» Ein bewusstes Innehalten mit ausgestreckten Armen kann auch für eine Atemeinheit genutzt werden: Um den Atemraum zu nutzen und auszuweiten, spüren die Fußsohlen (evtl. unterstützt durch einen leichten Druck) ganz bewusst das Band, auf dem wir stehen. Erzeugt werden soll das Gefuhl, die Ruhe zu bewahren, sich zu konzentrieren und währenddessen einen gleichmäßig und sanft fließenden Atemstrom [f] ausströmen lassen.

Atempatterns

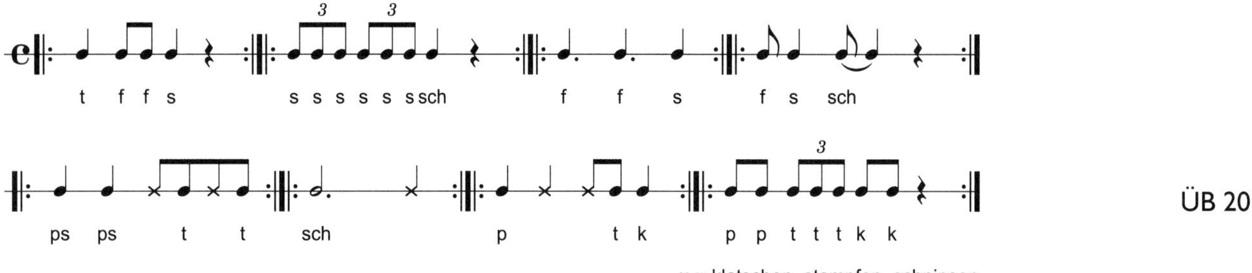

» Spontan und improvisatorisch einbringen.
» Nicht nur auf wechselnde Konsonanten achten, sondern vor allem auch auf abwechslungsreiche Rhythmen und Taktarten. Diese können im Schwierigkeitsgrad sukzessive gesteigert werden.
» Um noch mehr Varianten zu bieten, können zusätzlich einzelne Bodypercussion-Elemente (x) eingefügt oder die Taktschwerpunkte durch Bewegung und Impulse verdeutlicht werden.

„Mehrstimmiges" Atmen

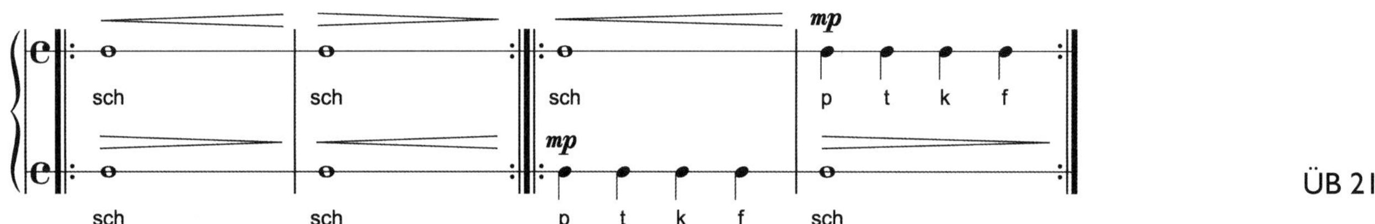

» Eine klar verständliche Zeichengebung von Seiten des Chorleiters ist unabdingbar.
» Jede Hand wird einer Stimm- bzw. Atemgruppe zugeteilt.

Atemkanon

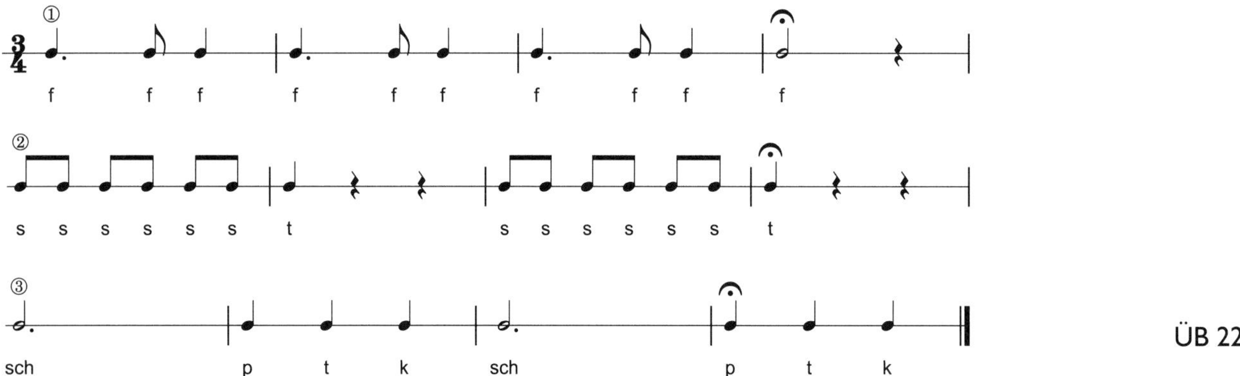

» Den Atemkanon kann man innerhalb einer Probeneinheit oder auch aufgeteilt in einzelne Elemente über mehrere Proben hinweg erarbeiten. Jedes Element, jede Zeile kann in intensiverer Form vorab ausgeführt werden.
» Man kann einen Atemkanon auch improvisatorisch und spontan kreieren.
» Um den eigentlichen Sinn einer Atemübung erfüllen zu können und niemanden atemtechnisch auszupowern, sollte man sich je nach Länge des Kanons auf wenige Durchgänge konzentrieren.
» Wenn sich der Chor auf dem Weg zur Mehrstimmigkeit befindet, stellen derartige mehrstimmige Übeeinheiten ohne fixierte Tonhöhen eine ideale und gleichzeitig leicht umsetzbare Methode dar, um eine gewisse Eigenständigkeit innerhalb der Stimmgruppen zu entwickeln.

Stimmtraining

Auch die Stimme wird erwachsen. Deshalb gilt es im Jugendchorbereich, sie im Prinzip noch einmal neu kennenzulernen, die Klanglichkeit zu formen, aber natürlich auch sie zu kräftigen und ein breites Klangspektrum zu erreichen. Der Chorleiter kann dies intensivieren, indem er mit Vorstellungskraft, Bildern oder unterstützenden Bewegungen Hilfestellung gibt. Aus den Standard-Teilgebieten gilt es die passende Mischung in altersangemessener Charakteristik und für die aktuelle Chor- oder Probensituation zu konfigurieren. Bei der Aneinanderreihung mehrerer Transpositionen empfiehlt es sich, Gesten, Dirigat und Atmung zweckmäßig einzusetzen (nicht penetrant mit „und" einzählen!), um auch so den Konzentrationspunkt innerhalb des Chores noch einmal zu sichern.

Bei der Konzeption der Übungen spielt auch die Auswahl der Tonsilben und Vokale bzw. Vokalkombinationen eine wichtige Rolle. Damit diese möglichst zielgerichtet eingesetzt werden, ist in der folgenden tabellarischen Übersicht dargestellt, welche Konstellationen vorteilhaft sind:

	Vokale / Silben Bei „+" müssen Vokale oder Endungen ergänzt werden, z.B. kann aus „d+" do, dü, don werden.
Kopfstimme	[u, ü]
Mittellage	[o, i]
Bruststimme	[a, o]
Rhythmische Präzision	[d+, s+, t+]
Legato	[l+, w+, m+, n+, z+]
Öffnung	[ng, m+, b+]
Vordersitz	[w+, m+, t+, l+, p+]
Vokalausgleich	[i-a, o-a, nj+, eu, u-o-a, ja]
Luftdrucksteuerung bzw. -anpassung	[r+]

2. Sektor: Stimmtraining I

Randstimmenübungen / Öffnung der Resonanzräume / Vokalausgleich

Mögliche Inhalte: Glissandi, Einatemspannung, Atemlenkung, Vokalbildung, Vokalfolgen und Vokalkombinationen, Parlando-Übungen

Die Übungseinheiten im 2. Sektor bewegen sich eher im Quinttonbereich.

Glissandi jeder Art

» [m, n, ng]
» [l, s, w]
» [u, o, a]
» [pu, po, pa]
» [sü, sa, so]
» Klangliches und körperliches Erfahren der Lagen, Unterkiefer locker lassen, positive Körperspannung, Einsatz von antagonistischen Bewegungen möglich, sukzessive Ausweitung

Ansagen mit positiven Assoziationen:

» für die Kopfresonanzen: hell, leuchtend, geheimnisvoll, fein
» für die Bruststimmenresonanzen: sprechstimmenähnlich, rund, weit, saftig, intensiv
» für den Stimmverlauf abwärts oder aufwärts: freudig, strahlend, leicht, fein, sanft

Verbindung von stimmlosen und stimmhaften Elementen

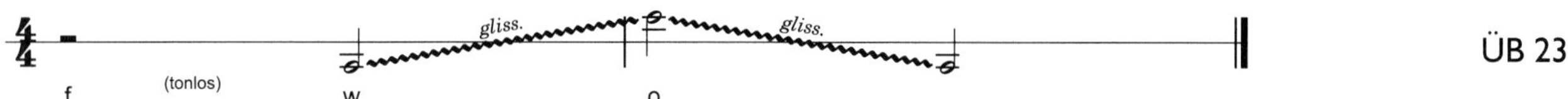

» Der Übergang zwischen [f-w-o] soll jeweils ohne Bruch ausgeführt werden. Die Wechselzeitpunkte müssen vom Chorleiter angezeigt und der Verlauf gestisch begleitet werden.

» Insgesamt die Dauer nur so lange anlegen, dass [f] und [w] intensiv ausgeführt werden können.

Klangband

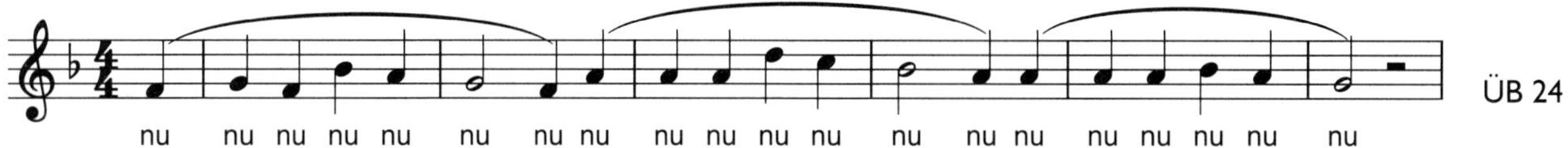

» Vorstellung: In jeder Phrase wird ein imaginäres Klangband aus der Stirn gezogen.

» Auch mit anderen bekannten Liedern möglich.

» Verschiedene Tempi und gerne auch unterschiedliche Begleitharmonien wählen, um Spannung spürbar zu machen.

Weicher Stimmeinsatz

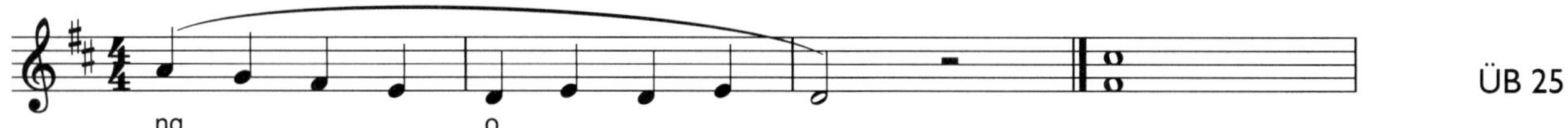

» Weicher Stimmeinsatz durch [ng], evtl. vorher gähnen.

» Der klingende Vokal [o] oder [ɔ] am Ende sollte mit einem decrescendo gedacht werden und nicht lauter sein als das vorangehende [ng].

» Unterkiefer lockerlassen, aber bereits in Richtung [o] formieren.

Förderung der Randstimmenfunktion

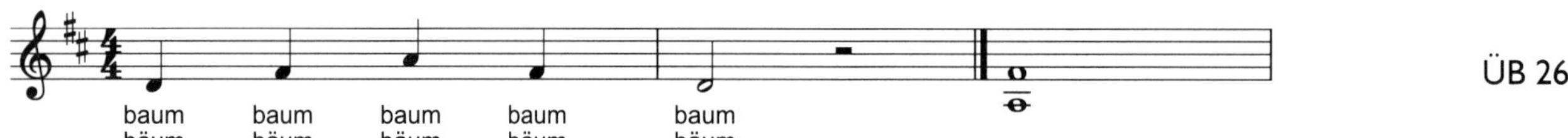

» Ausführung im Bereich p-mp, [b] soll hauptsächlich öffnen, ist kaum hörbar.

Unterstützung der Resonanzräume im Mund-/Nasenbereich

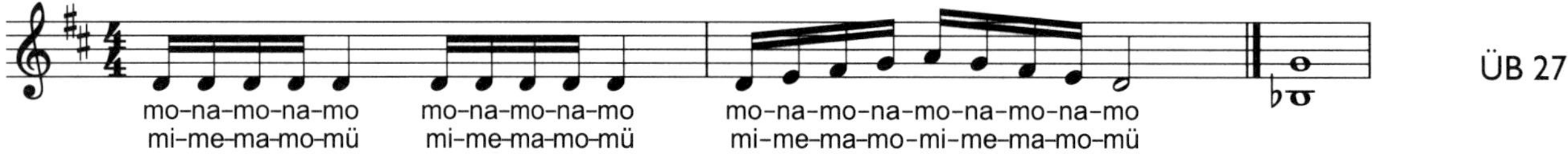

» [m] intensiv klingen lassen. Tonhöhenänderung darf gerne dynamisch interpretiert werden.

» Während die Variante [monamo] sehr weich erscheint, ist bei der Alternative [mimemamomu] eher Geläufigkeit gefragt.

Vokalausgleich

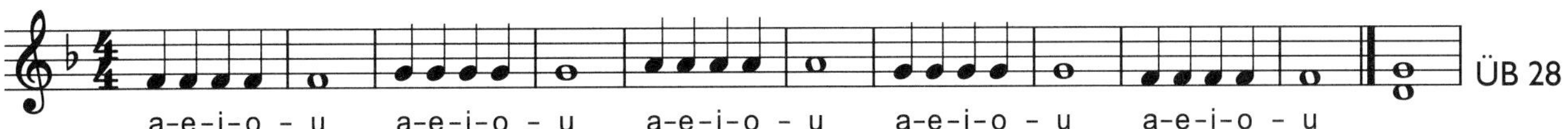

ÜB 28

- » Die Vokale dürfen förmlich ineinander verschwimmen, es findet nur eine dezente Veränderung der Mundstellung statt.
- » Die Vokale werden bewusst „nach vorne" gesungen, in Richtung der oberen Schneidezähne, an die Grenze des vorderen harten Gaumens.
- » Dies kann man auch verdeutlichen, indem während des Singens ein Daumen an die oberen Schneidezähne (Mundinnenraum) gehalten wird.

Vokalbildung

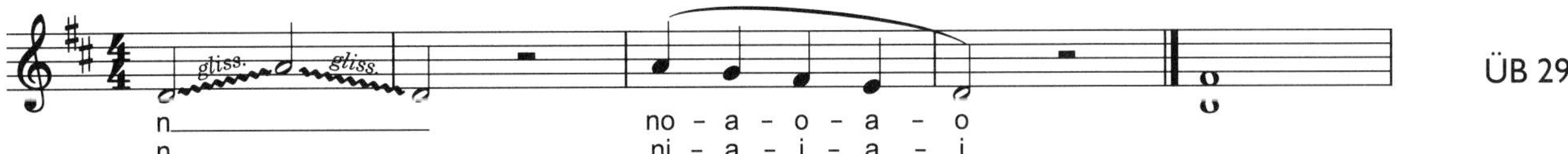

ÜB 29

- » Gefühl der Weite bei [n], Vorstellung: Gähnstellung, weicher Klang, ohne übermäßigen (Luft-) Druck.
- » Das [i] wird genutzt, um das [a] möglichst weit nach vorne in Richtung der oberen Schneidezähne zu bringen.

Parlando

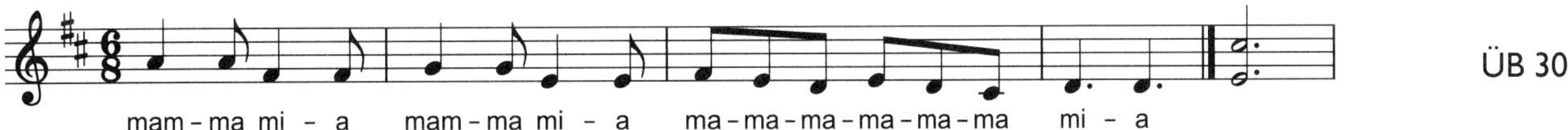

ÜB 30

- » Lockere Tongebung, tiefer Unterkiefer bei [m]. Tempo nicht zu langsam wählen.
- » Dynamische Öffnung jeweils auf die erste Zählzeit.
- » Schwerpunktbewegungen (leichtes Schunkeln, Schwerpunkte auf linken und rechten Fuß verteilen) können die Lockerung unterstützen.

Glockenklang

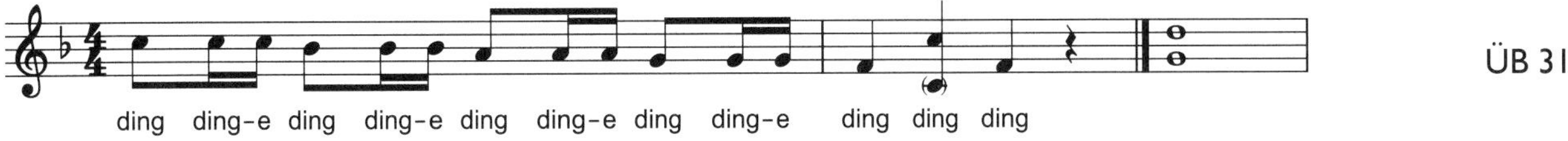

ÜB 31

- » Unterkiefer hängt tief und wird kaum bewegt.
- » [d] sorgt für rhythmische Präzision, [ng] sorgt für einen weichen Klang.

Weitegefühl

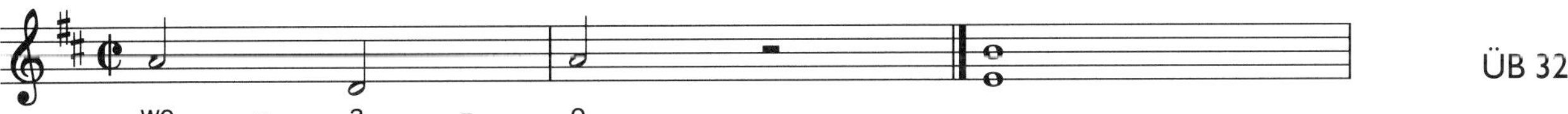

ÜB 32

- » Ein stimmhaftes [w] öffnet die Resonanzräume, es folgt die Unterkieferöffnung zum [a] hin.
- » Das [a] selbst soll in diesem Fall sehr dunkel gefärbt sein.
- » Das benötigte Weitegefühl darf auch gestisch unterstützt werden.
- » Die Übung kann auf zweierlei Weise ausgeführt werden: mit hörbarem Weg und ohne hörbaren Weg (Glissando).

3. Sektor: Stimmtraining II

Registermischung / Ausweitung von Höhe und Tiefe / Intonation

Mögliche Inhalte: Schwelltöne, Lagenausgleich, Kletterübungen, Klangweite, Übungen bis in Grenzlagen

Die Übungseinheiten im 2. Sektor bewegen sich bis zum Oktavbereich und darüber hinaus.

> *Anmerkung*
> Die musikalische Notation hinsichtlich Crescendo und Decrescendo steht in diesem Zusammenhang nicht für dynamische Abstufungen, sondern mehr für Flexibilität in der Tongebung; es soll lediglich mit einem leichten An- und Abschwellen ausgeführt werden.

An- und Abschwellen

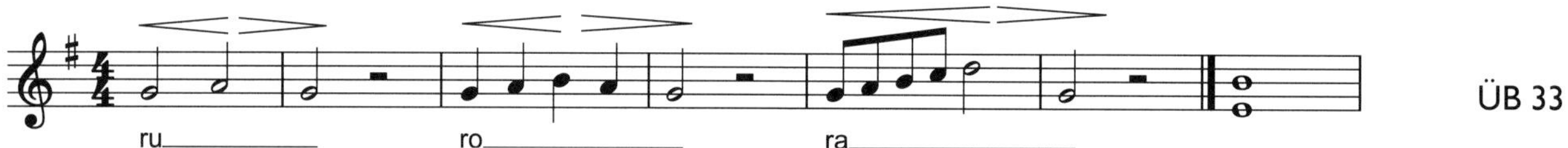

ÜB 33

» Das [r] soll einen angepassten Luftdruck beim Einstieg ermöglichen. Insgesamt soll die dynamische Bewegung im *mf*-Bereich angelegt sein. Innerhalb des *mf* sollen nun dezente Abstufungen stattfinden.

» Bei Schwierigkeiten mit dem Rollen des [r] kann ein Schwa-Laut [ɐ] davorgestellt werden.

» Ansagen wie „vollerer Klang“ und „schlankerer Klang“ beugen Intonationstrübungen vor, die oft mit bloßem „lauter werden“ und „leiser werden“ entstehen.

Grenzlagen

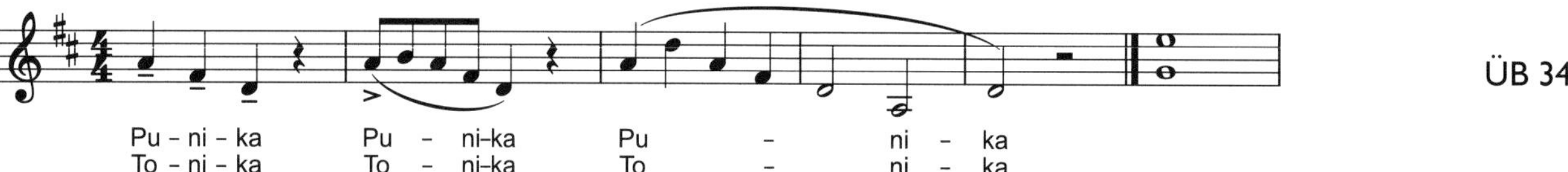

ÜB 34

» Ziel ist das Training eines einheitlichen und ausgeglichenen Stimmklangs in allen Lagen. Die Kombination aus Artikulation und Tonsilben ermöglicht eine Mischung aus punktuellem Anvisieren und Legato.

» Beim langen Bogen sollen Bruchstellen vermieden werden. Die Übung kann auch mit den einzelnen Abschnitten erarbeitet und repetiert werden.

Kletterübung

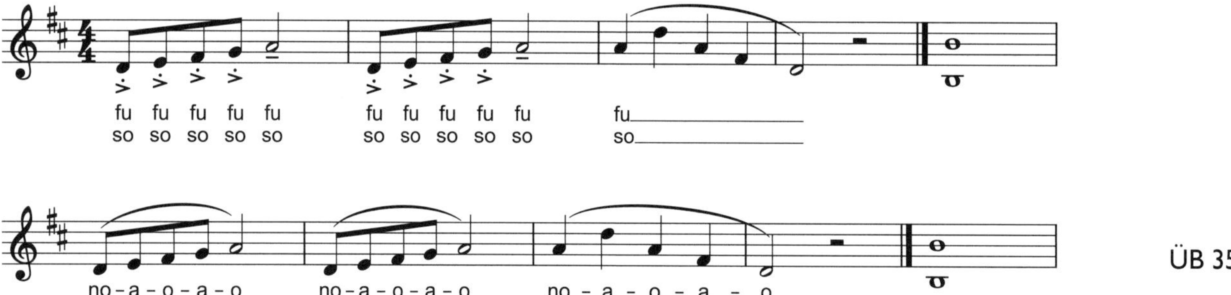

ÜB 35

» Die Kopfstimme soll von Anfang an mitgedacht und beigemischt werden. Sollte dies nicht gelingen, kann man zunächst den Quintton a1 singen lassen, da dieser in der Regel nicht mit der Bruststimme abgenommen wird.

» Ein leichtes In-die-Knie-gehen beim Spitzenton erzeugt zusätzliche Körperspannung; ebenso das „Servieren“ des Dreiklangs (Hand nach oben führen) am Schluss.

Klangweite mit Vokalwechsel

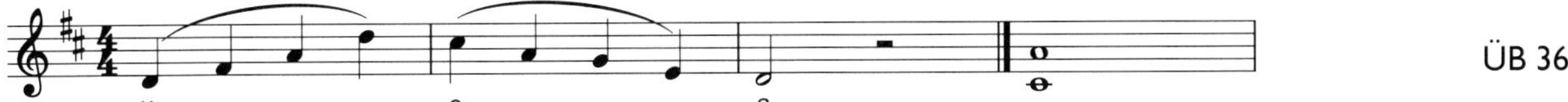

ÜB 36

» Leichter Einstieg, spannungsvolles Legato, wechselnde Vokale [u, o, a] werden in eine möglichst ähnliche Formation gebracht, Bruchstellen sollen vermieden werden.

Intonation

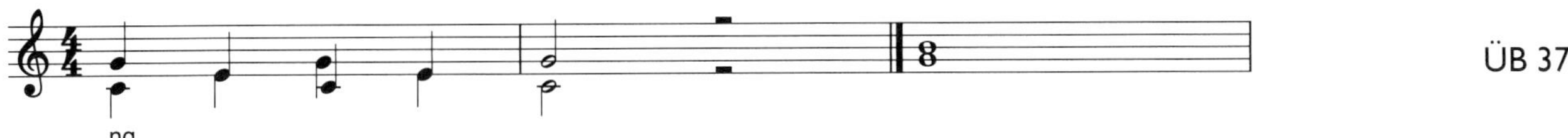

ÜB 37

» Weicher Stimmeinsatz, sanfter Klang, positive Grundspannung, gezieltes Aufeinanderhören.

Grundtonbezug

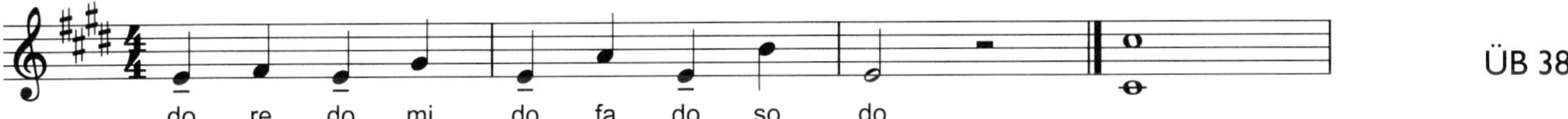

ÜB 38

» Das Spannungsverhältnis der Intervalle und der Grundtonbezug sollen gespürt werden.
In Vorbereitung auf mehrstimmiges Singen kann eine Stimmgruppe das [do] als Orgelpunkt halten (oder auch [do] und [so] als Rahmenquinte).

» Der Sekund-, Terz-, Quart- und Quintklang werden dann jeweils mit einer Fermate versehen, um den Zusammenklang bewusst hören und analysieren zu können. Auch im Hinblick auf große und kleine Schritte, hohe und tiefe Terzen etc. lohnenswert.

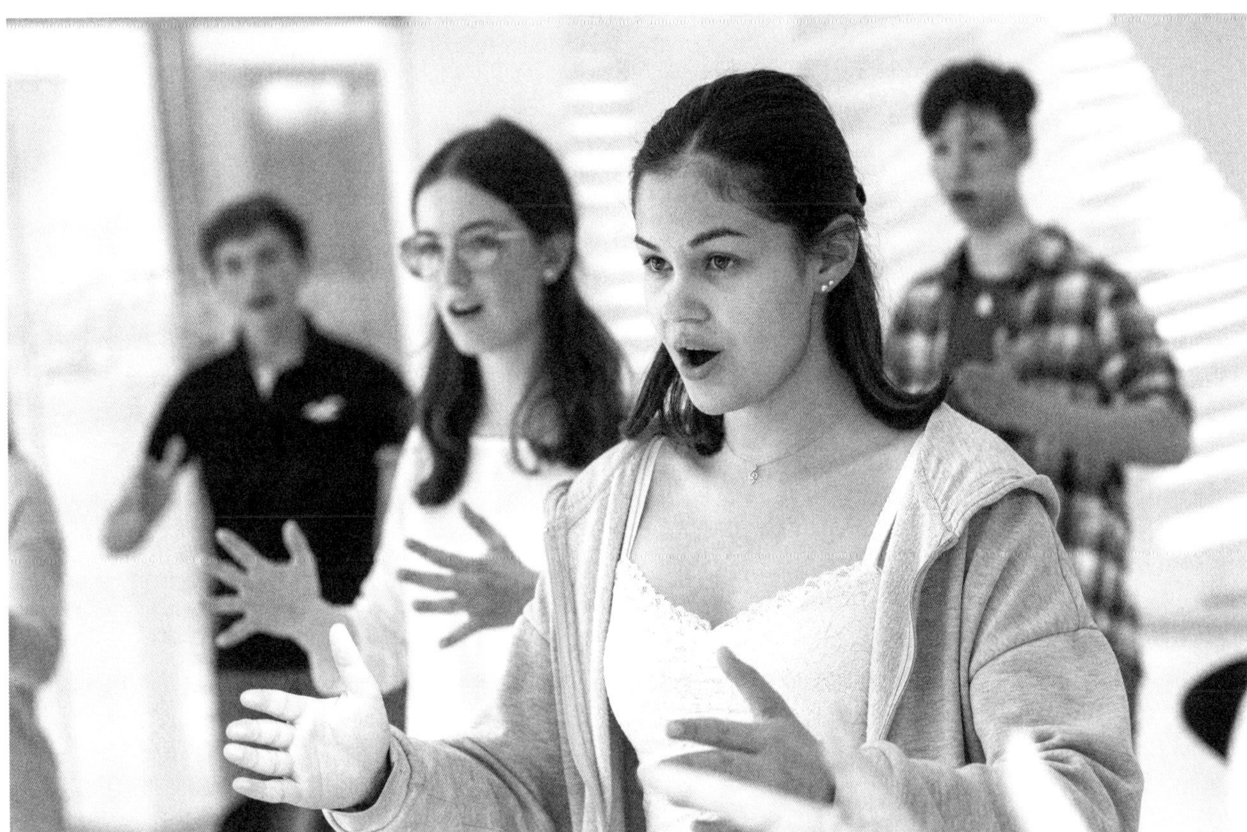

Lagenwechsel

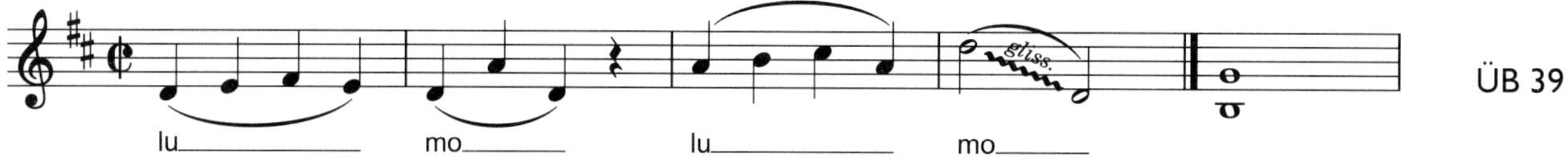

» Spannung über die Atemzäsur nach dem 2. Takt zur zweiten Phrase hinweg halten.

» Die Intervalle über [mo] sollen nicht nachgedrückt werden, sondern sanft abgefangen werden.

Schwelltraining

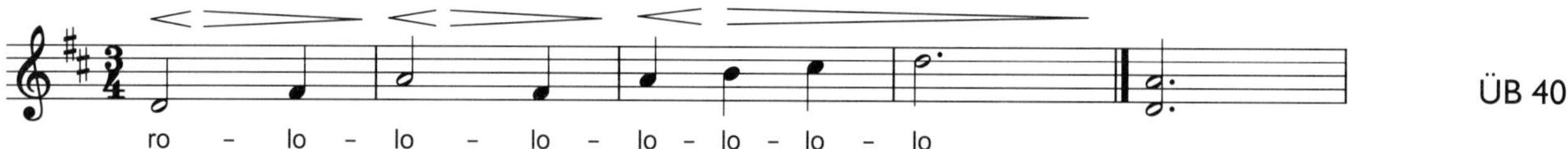

» Der Konsonant [r] soll zum Einstieg Weite ermöglichen, das [ɔ] wird offen geformt.

» Die angegebene Dynamik spiegelt den Puls des Dreiertaktes wider und sorgt zugleich für Flexibilität in der Stimmgebung. Das Decrescendo soll vor allem für Leichtigkeit sorgen.

Klangweite

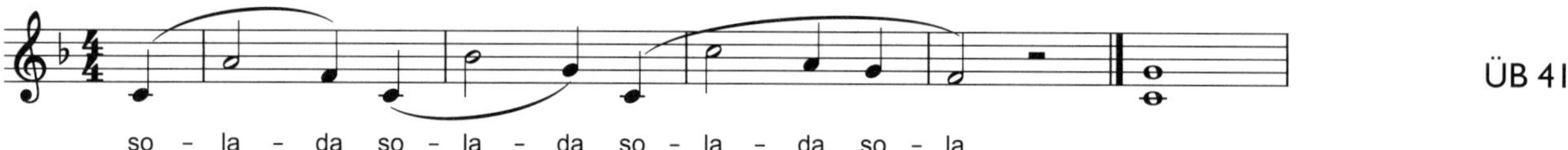

» Die Auftakte müssen stets sehr leicht gesungen werden. Nach der Zählzeit 1, die gut anvisiert werden muss, wird wieder ein abfangendes Decrescendo gedacht.

» Der Ambitus wird mit einer Portion Leichtigkeit erweitert. Großer Zielpunkt: Grundton am Schluss.

„Pop up"

» Oftmals gibt es in ganz aktuellen und bei Jugendlichen beliebten Hits kurze und markante vier- bis achttaktige Phrasen, die man als Einsing- und eventuell gleichzeitig als eine Art Motivationsübung adaptieren kann.

» Bei geschicktem Einsatz kann man so weitere Alternativen in der Stimmbildungsarbeit bieten und parallel die Chorsänger packen und für gute, aufgelockerte Stimmung sorgen.

» Vorteil: Die Töne sind bereits bekannt und man kann sich schneller auf andere Faktoren konzentrieren.

» Statt des mehr oder minder bekannten Textes werden dann Tonsilben eingesetzt, die bei den Transpositionen jeweils verändert werden (z. B. [do], [si], [la] – je nach Intention).

» Variationen bei den Parametern Artikulation und Dynamik sind ebenfalls denkbar.

4. Sektor: Übergang zur Literatur

Eine Lockerungsübung kann die Einsingeinheit ebenso abschließen wie ein auswendig zu erarbeitender Kanon oder eine direkt aus dem nun folgenden Stück entwickelte Stimmbildungsübung. Je nach Intention des Probeninhaltes genießen Konzentration, Hinführung, Lockerung oder Abwechslung an dieser Stelle Priorität. Sofern der direkte Bezug zur Literatur eine noch größere Rolle spielen soll, sind an diesem Punkt musikalische Faktoren wie die spezifische dynamische Gestaltung oder harmonische Wendungen aufzugreifen.

Stimmbildung während der Chorprobe

Der Spannungsbogen der chorischen Stimmbildung umfasst jedoch ein deutlich größeres Feld als das bloße Einsingen zu Beginn einer Probe. Die Sinnhaftigkeit der stimmbildnerischen Ansätze erreicht nur dann volle Effektivität, wenn jene kreativ und flexibel eingesetzt werden. Abgesehen davon wird man im Probenverlauf immer wieder mit Problemstellen konfrontiert, die dahingehend Geschicklichkeit erfordern. Zu hoch, zu hauchig, zu wenig homogen – das muss mal vorhersehbar, mal spontan analysiert und korrigiert werden. Auch hier wird es sicherlich einen Fundus an Werkzeugen geben (vgl. Anmerkungen zum „Phänomen Stimmwechsel" und Einsingen Sektor 1–3), mit dem man positive Erfahrungen gemacht hat und dann entsprechend gerne darauf zurückgreift. Andererseits darf auch gerne improvisiert werden. Das fällt mit zunehmender Erfahrung leichter. Eine an der Literatur, an der Problemstelle orientierte intuitive Aufbereitung verhilft in dieser konkreten Situation zum naheliegenden Lösungsansatz – schnell und ohne Umschweife.

Phänomen Stimmwechsel

Die eingangs schon erwähnten individuellen Probleme in Bezug auf die pubertäre Wachstumsentwicklung stellen jeden Chorleiter vor eine Herausforderung. Unberechenbar scheint die Divergenz. Aus diesem Grund möchte ich mich nicht an fixierten Altersgrenzen und konkreten Tonhöhen bzw. Stimmumfängen orientieren, sondern mich vielmehr mit der Situation der Jugendlichen in dieser eigentlich normalen und doch speziellen Situation beschäftigen. Eines vorweg: Ich bin kein Freund davon, Sänger aus dem Chor auszuschließen, auch nicht zeitweise. Sofern der Jugendchor nicht eine Singschule ist, in der jeden Tag mehrere Stunden gesungen wird, wird man eine sinnvolle Lösung im Umgang mit Stimmwechslern finden, ohne dass sie mit Sonderaufgaben oder in Mutationsgruppen betreut werden müssen. Auch die Hinweise auf eine Reduzierung der Anstrengung soll nicht bedeuten, dass ein zu hoher Kraftaufwand sonst ideal wäre, sondern soll lediglich auf einen behutsamen Umgang mit der Stimme hinweisen.

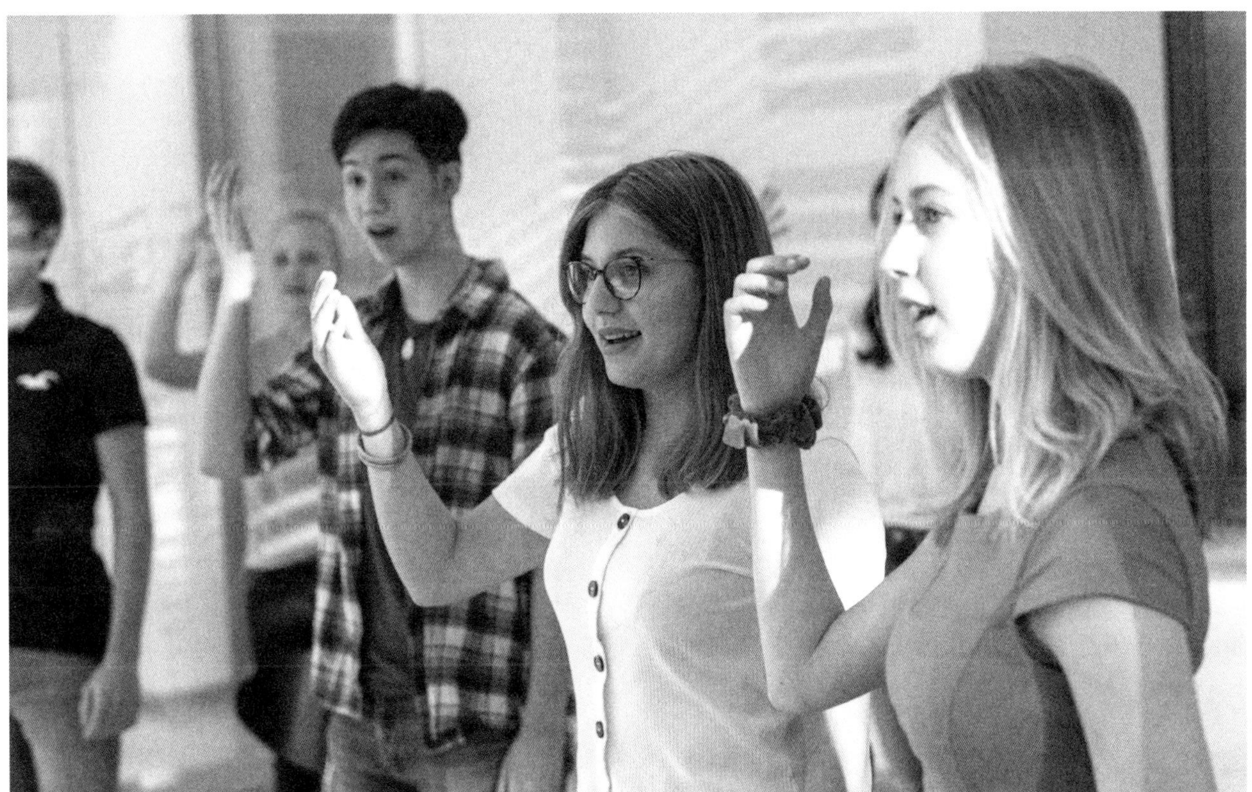

Spezifika Mädchen

Bei den Mädchen kann diese Entwicklungsstufe zum Teil unmerklich geschehen, da ein vergleichsweise geringeres Kehlkopfwachstum vorliegt. Ein mögliches Anzeichen dafür kann eine leicht heisere, behauchte Stimme sein, die vielleicht etwas schneller ermüdet. Aber weder stimmbildnerisch noch chortechnisch kann man in diesem Zusammenhang ein allgemeingültiges Rezept verfassen. Für den Chorleiter ist es schlichtweg wichtig – in Mutationszeiten besonders, aber das gilt auch zu jeder anderen Zeit – darauf zu achten, dass keine unnötigen stimmschädlichen Angewohnheiten entstehen. Zu erkennen, ob es sich um eine mutationsbedingte Disposition handelt, ob die Tagesform vielleicht einfach nicht ideal ist oder ob sich gar sängerische Fehler einschleichen, entspricht einer gesangspädagogischen Gratwanderung, die Feingefühl erfordert. Aber seien Sie mutig! Mit ein bisschen Erfahrung und Menschenkenntnis lernt man das einzuschätzen. Generell gilt für den Umgang mit Jugendlichen während der Mutation: Das betreute Chorsingen an sich ist gut und wichtig und führt im Falle einer gewöhnlichen Chorprobe von ein bis eineinhalb Stunden pro Woche nicht direkt zu Problemen. Bei ausgeprägter Chortätigkeit sollte die Teilnahme im Hinblick auf den Umfang der Chorprobe oder auch auf die Anzahl von Auftritten angemessen reduziert werden. Eine individuelle Betreuung durch Stimmbildner ist dagegen ohnehin absolut wünschenswert. Wichtig ist es, dass Mädchen während der Mutation nicht an die Leistungsgrenzen, also auch nicht an die Stimmumfangsgrenzen gehen, sondern sich in einem tonlichen Raum bewegen, der mit viel Wohlgefühl verbunden ist. Jede Form von Glissandi eignet sich dahingehend ganz hervorragend, auch deshalb, weil keine fixierten Tonhöhen gezielt erreicht werden müssen. Mit Verschlusslauten (z.B. p, b, k, t) beginnend kann man den Luftstrom kurzzeitig stauen und auch kanalisieren, so dass der Vokal im Anschluss anvisiert wird und dennoch weich gleiten kann. Begleitende Gesten können generell eine Stütze sein, auch im Hinblick auf das Training des angestrebten Stimmlippenschlusses: Der Atem wird mit der Hand geführt, indem er gezeichnet wird. Oder aber man versucht, während des Singens ein imaginäres Gummiband vor dem Körper auseinanderzuziehen, um den stimmlichen Übeprozess auch äußerlich zu untermalen.

Sollte dennoch das Gefühl von Überanstrengung entstehen, kann man den Stimmbändern mit Hilfe eines [r] oder mit Lippenflattern eine kleine Massage gönnen.

Im Überblick:

» betreutes Chorsingen oder idealerweise betreute Einzel-Stimmbildung
» keine übermäßige Anstrengung
» Glissando-Übungen
» Einsatz von Tonsilben, die mit Verschlusslauten beginnen
» Übungen für den Stimmlippenschluss
» gestische Unterstützung (z.B. Atemunterstützung, Gummiband vor dem Körper)
» Lippenflattern und / oder Zungen-[r] zur Entspannung

Spezifika Jungen

Das Körperwachstum betrifft auch die für den Sänger wichtigen Bereiche: Kehlkopf, Stimmfalten, Hals, Brustkorb. Die Mutationsphase kann und soll aufgrund ihrer Unberechenbarkeit nicht über festgelegte Altersgrenzen, Verläufe, Dauer und fixierte Tonhöhen definiert werden. Bei professionellen Knabenchören wird teilweise versucht, mittels Blutentnahme und Laboranalyse den voraussichtlichen Zeitpunkt des einsetzenden Stimmbruchs vorherzusagen. Wir gehen in diesem Kontext jedoch davon aus, dass dies in den allermeisten Jugendchören nicht möglich (und nötig) sein wird.

Sofern die strukturellen Voraussetzungen gegeben sind, verhindern kurze Stimmbildungseinheiten (max. 15 Minuten), die dafür häufiger stattfinden können (ca. drei Mal pro Woche), einen zu hohen Kraftaufwand und damit eine zu große Belastung der Stimme. Schon in der Phase der Prämutation, also dann, wenn erste Anzeichen auftreten, sollte man Vorsicht walten lassen. Die Stimme klingt deutlich rauer im Vergleich zu den Mädchenstimmen. Sie ist weniger belastbar und es treten vermehrt Intonationsprobleme auf. Eine instabile Struktur und teils unkontrolliertes Überschlagen der Stimme gehen mit einem mehr oder minder unkoordinierbarem Kehlkopfwachstum einher. Die Jungen sollten entgegen ihrer häufig anzutreffenden Vorliebe nicht zu früh tiefer sprechen und singen als es ihre Entwicklung zulässt. Das geht zum Leidwesen des Chorleiters leider nicht immer mit Musikvorlieben aus dem Pop-, Rock- und Rapbereich konform. Die Steuerung des plötzlich größeren Kehlkopfes ist eine andere als bei der bislang gewohnten Kinderstimme. Eine intensive Betreuung von Seiten des Chorleiters oder Stimmbildners ist hier von hoher Bedeutung. Wenn diese Betreuung gegeben ist, spricht auch nichts gegen Singen. Vielleicht sollte man sich dahingehend auch bewusst machen: Im Vergleich dazu wäre ein lautes Rufen oder Jubeln auf dem Sportplatz während der Mutationsphase deutlich schädlicher für die Stimme.

Ein Wechsel in die Alt- oder Tenor-Stimme ist eine logische Konsequenz. Konkrete Ansagen, die individuell angepasst werden, sind im großen Chorkreis nicht immer möglich, aber eigentlich nötig. Sollten also mehrere Knaben im Chor gleichzeitig diese Phase erreichen, kann es absolut lohnenswert sein, mit ihnen gemeinsam vor oder nach der Probe eine kurze Einheit anzufügen und Hilfestellungen anzubieten.

Ein weiteres Problem dabei kann auch die Fähigkeit der Tonabnahme sein. Wenn der Chorleiter (dabei ist es egal, ob Frauen- oder Männerstimme) in seiner Originallage vorsingt, fällt es Stimmwechslern schwer, das Gehörte an die neue Stimmlage anzupassen und den Klangunterschied zwischen hoch und tief singend umzusetzen. Ein Lagenwechsel des Chorleiters kann für den Übergang Abhilfe verschaffen. Auch ein (Heran-)Tasten an den eigenen Kehlkopf kann für die Jungen dabei eine gute Hilfestellung sein. Denn die alte, hohe Stimme kann man am oberen Kehlkopf, die neue, tiefe Stimme unterhalb des Kehlkopfes (er-)spüren.[14]

In den vergangenen Jahrzehnten wurde häufig dezentes Training im piano- oder pianissimo-Bereich empfohlen. Dies ist schlichtweg nicht immer möglich. In manchen Phasen wird beim Versuch, leise zu singen, keine Tonbildung möglich sein. Dann gilt es gemeinsam auszutesten, ab welcher dynamischen Grenze das möglich wird. Im Normalfall wird nur ein relativ begrenzter Ambitus in der Mittellage einsetzbar sein. Eine bewusste Atembeherrschung muss geübt und gefördert werden. Glissando-Übungen gelten in allen Phasen als eine Art Allheilmittel. Nach der Übergangsphase werden die Einheiten nach und nach ausgeweitet. Sinnvoll erscheinen zunächst Übungen für einen guten Vordersitz. Dieser muss neu formiert werden, genauso wie die Resonanzräume neu entdeckt und erfasst werden müssen. Und nicht zu vergessen: Zwischendrin sollen Phasen der Entspannung und Erholung ihren Platz finden.

Jeder Chorleiter sollte darauf achten, dass gerade Stimmwechslern im Chor ein Gefühl von Sicherheit und Geborgenheit gegeben wird. Der psychologische Aspekt der Betreuung ist möglicherweise von noch höherer Bedeutung als der musikalische. Man muss den Vorgang des Wechsels als natürlichen, typischen Weg begleiten und auch so damit umzugehen wissen. Die Situation bringt sicherlich die eine oder andere Irritation mit sich, muss aber nicht dazu führen, dass der Stimmbruch auch zum metaphorischen Schiffbruch wird.

Im Überblick:

» intensive Betreuung von Seite des Chorleiters
» besser noch Betreuung in der Einzelstimmbildung
» kurze Einheiten, dafür gerne häufiger
» psychologischer Aspekt
» Sprechstimme nicht künstlich tief anpassen
» Lagenwechsel beim Chorleiter als Hilfe bei der Tonabnahme
» Ertasten der neuen Stimme am Kehlkopf
» Übungen zur Atembeherrschung
» Glissando-Übungen
» begrenzter Ambitus
» Übungen dynamisch abstufen: Ist *p* möglich? Ab welcher Stufe ist Singen möglich?
» Entspannungsphasen

> Während des Stimmwechsels eignen sich besonders Stimmbildungsübungen, die im Sektor 2 (Glissandi und Übungen im Quinttonbereich) vorgestellt werden.

14 Vgl. Friedhilde Trüün: Sing Sang Song III, Praktische Stimmbildung für Jugendliche, Stuttgart 2018, S. 10, Besonderheiten der Altersstufe: Pubertät und Stimmwechsel.

LITERATUREMPFEHLUNGEN

Allgemeines zur Literaturauswahl

Wenn ein Chorleiter Verantwortung für einen Jugendchor übernimmt, sei es bei der Weiterführung eines bestehenden Chores oder vor allem auch bei der Neugründung, dann geht es auch um eine Profilschärfung hinsichtlich der Literaturauswahl. Diese wird sich bei speziell ausgerichteten Sparten, wie etwa bei reinen Mädchen- und Knabenchören, nochmal anders verhalten als bei allgemein gehaltenen Jugendchören, sowohl im kirchlichen als auch im weltlichen Bereich. Der leider immer noch viel verbreiteten Meinung, dass Jugendliche ausschließlich mit ‚modernem' Liedgut, am besten noch in englischer Sprache am leichtesten zu begeistern sind, möchte ich vehement widersprechen. Wie in vielen anderen Bereichen ist die Art und Weise der Vermittlung durch den Chorleiter entscheidend. Denn auch hier spielt die ‚Varietas' (lat. Buntheit, Abwechslung, Mannigfaltigkeit) die entscheidende Rolle. Es ist ein Gewinn, wenn man sich nicht auf Musik einer Kategorie à la Pop, traditionell, klassisch, zeitgenössisch, Jazz, weltlich oder geistlich reduzieren muss. Auch ein Jugendchor in kirchlicher Trägerschaft wird neben der Pflege des Neuen Geistlichen Liedguts Gelegenheiten für die Aufführung weltlicher Lieder finden. Auch ein Jugendchor, der schwerpunktmäßig moderne Literatur singt, kann bei entsprechender Vermittlung an der Erarbeitung eines Werkes aus dem klassischen Bereich wachsen. Gerade die zeitgenössische Chormusik bietet mit vielfältigen Elementen (wie z.B. Chorimprovisationen) einen Fundus an Möglichkeiten.

Diese Vielfalt lässt sich leichter realisieren, wenn ich als Chorleiter die Sänger von klein auf begleite und diese schon im Kinderchor ein breites Spektrum an Literatur kennengelernt haben. Dann ist die Chance sicherlich größer, dass eine gewisse Aufgeschlossenheit und eine grundsätzliche Akzeptanz gegenüber unterschiedlichen Stilrichtungen vorhanden sind. Wenn die Sänger einem Jugendchor in der Pfarrgemeinde beitreten, werden die inhaltlichen Erwartungen anders gelagert sein, als wenn sie den von der Big Band begleiteten Mittelstufenchor in der Schule besuchen. Und wenn sie einen ambitionierten Chor auswählen, dessen qualitativer Anspruch über das reine „sich Treffen und miteinander Singen" hinausgeht, so werden sie bereit sein, mit Konzentration und Ehrgeiz auch schwerere Kost (in jeglichem Sinne) zu erarbeiten.

Chorliteratur kann zudem aber auch eine soziale, verbindende Komponente beinhalten: Beim gemeinsamen Gesang über gesellschaftliche und sprachliche Grenzen hinweg oder auch an Brennpunktschulen (dazu gibt es viele interessante Chor-Projekte) werden Jugendliche mit adäquaten Liedtexten und Musik vereint.

Die Parameter soziale Strukturen, Leistungsfähigkeit und Trägerschaft spielen also auch in Hinblick auf die Literaturauswahl eine große Rolle. Dabei müssen die Faktoren Stimmenanzahl, Stimmenumfang, Stimmenbesetzung selbstverständlich stets berücksichtigt und notfalls immer wieder neu angepasst werden. Und wenn selbst bei den zahlreich sprießenden Jugendchor-Kompositionen nichts für die aktuelle Konstellation passend erscheint, dann ist der Chorleiter als Tonschöpfer und Arrangeur gefragt.

In der folgenden Liste wird eine nicht allzu große, aber dennoch sehr abwechslungsreiche Auswahl an erprobten und bewährten Sammlungen und Büchern vorgestellt (Stand Dezember 2020). Diese Zusammenstellung darf gerne als Ideenbörse dienen, soll aber ebenso ergänzt werden.

Stimmbildung

Rainer Pachner:
Vokalpädagogik
Theorie und Praxis des Singens mit Kindern
und Jugendlichen
Gustav Bosse Verlag

Friedhilde Trüün:
Sing Sang Song III
Praktische Stimmbildung für Jugendliche
Carus-Verlag

Jürgen Terhag:
Warmups
Musikalische Übungen für Kinder, Jugendliche
und Erwachsene
Schott Music

Uli Führe:
Stimmicals 1/2
Spaß beim Einsingen von Anfang an mit
mehrstimmigen Ethno-, Pop- und Jazz-Klingern
Fidula-Verlag

Russell Robinson, Jay Althouse:
Das große Buch der Chor Warm-Ups
Eine umfassende Sammlung von Einsing-
und Aufwärmübungen mit Praxisanleitung
für Chorleiter, Kinderchor, Jugendchor,
Erwachsenenchor und Kirchenchor
Alfred Music Publishing

Theorie / Schule / Praxis

Almuth Süberkrüb:
Music Learning Theory
Edwin E. Gordons Theorie des Musiklernens
Zusammenfassung der Kerngedanken in deutscher
Sprache
Pfau-Verlag

Eva-Maria Leeb:
Musica in Tempore Coronae –
Chorproben online
in: „Musik und Kirche“ Heft 5/2020
Bärenreiter-Verlag

Ausgewählte Sammlungen geistlich / weltlich / gemischt

Deutscher Chorverband Pueri Cantores (Hg.):
Mehr als Worte sagt ein Lied
Jugendchorbuch für gleiche Stimmen
Carus-Verlag

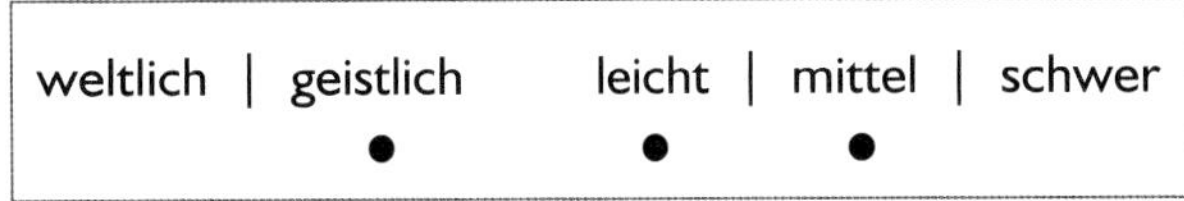

Kurt Suttner u. a. (Hg.):
Chor aktuell
diverse Bände: Band 1 und 2,
Frauenstimmen / gleiche Stimmen, Junior
Bosse Verlag

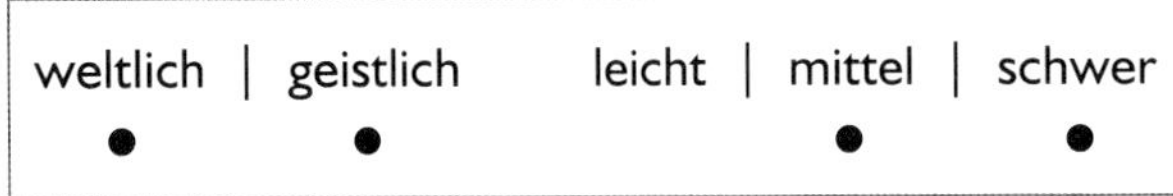

Friedhilde Trüün:
Sing Sang Song III
Praktische Stimmbildung für Jugendliche
Carus-Verlag

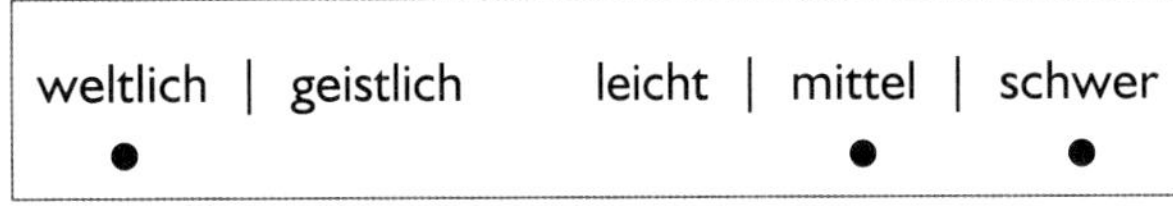

Klaus Brecht, Klaus K. Weigele (Hg.):
chorissimo! blue
Chorbuch für die Schule, gleiche Stimmen
Carus-Verlag

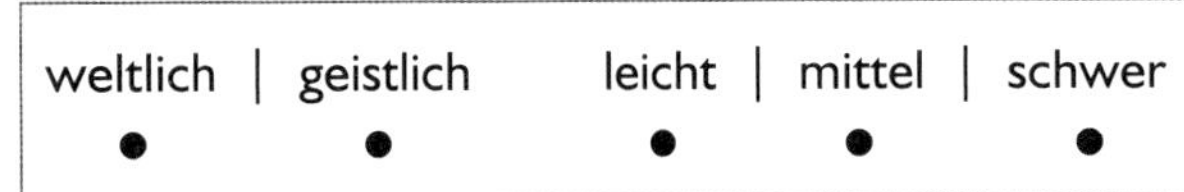

Kirchenchorwerk der Ev.-Luth.
Landeskirche Sachsens (Hg.):
Mein Herz ist bereit
Lieder über Gott und die Welt
Carus-Verlag
(eigentlich für Kinderchor, es finden sich aber durchaus auch anspruchsvollere Lieder, die für Jugendchöre geeignet sind)

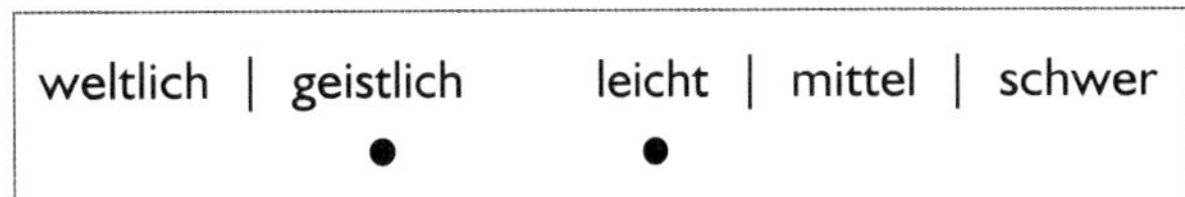

Ralf Schnitzer, Mirko Möller (Hg.):
Singen ist klasse
Band I (aufbauend S/SA/SSA/SAB/SATB)
Schott Music

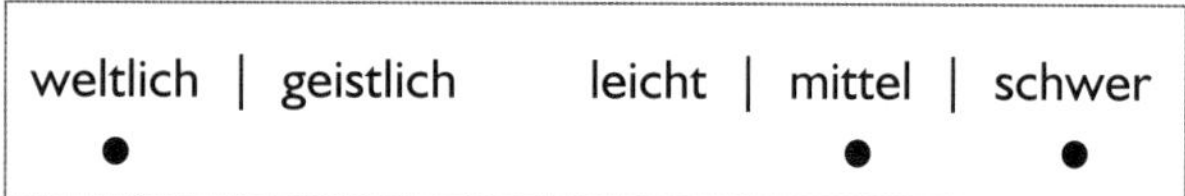

Publikationen des Verbandes Pueri Cantores
zu Chortagen und Festivals
Teils bei Verlagen, oft auch bei den jeweiligen Veranstaltern oder über den Verband zu beziehen

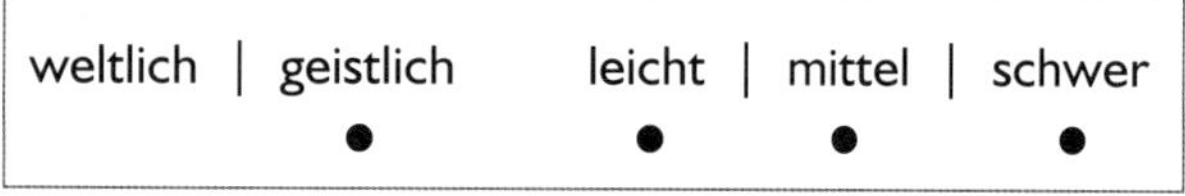

Klaus Brecht, Klaus K. Weigele (Hg.):
chorissimo! christmas
Advents-, Weihnachts- und Winterlieder für junge Chöre mit einer Männerstimme und Klavier, Männerstimme teilweise ad libitum
Carus-Verlag

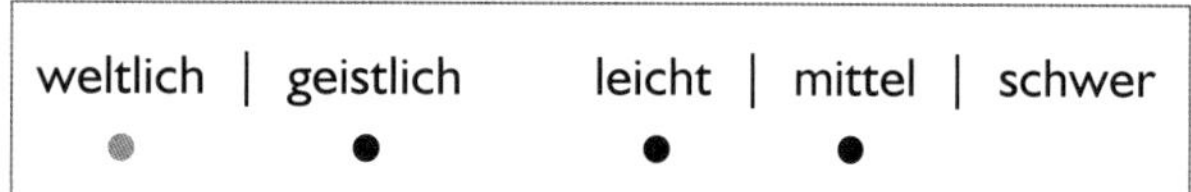

Arbeitskreis „Kindergottesdienst" des Referates Kirchenmusik im Bistum Limburg:
Gott hat uns einen Traum geschenkt
Neue Lieder für Kinder- und Familiengottesdienst
Strube Verlag

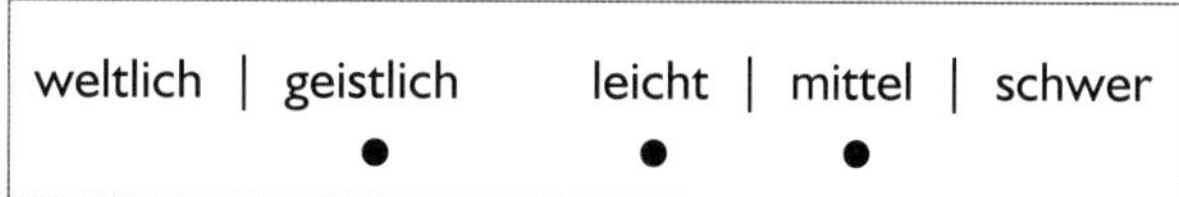

Patrick Dehm und Joachim Raabe (Hg.):
Weil der Himmel uns braucht
Neue Geistliche Lieder für Chöre und Bands
Dehm Verlag

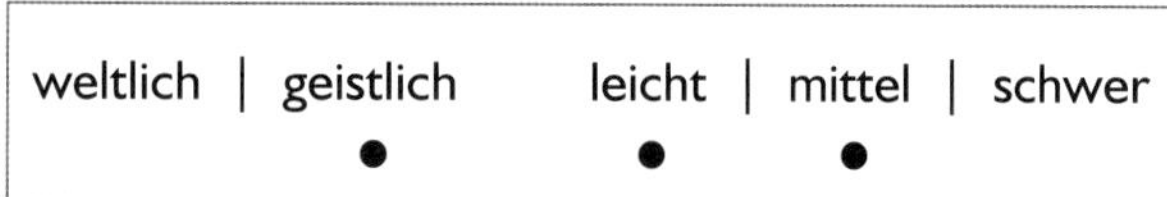

Lorenz Maierhofer, Walter Kern (Hg.):
Sing & Swing
DAS Liederbuch
Helbling Verlag

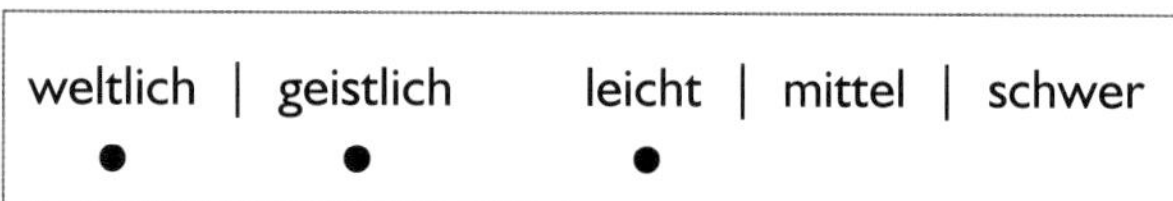

Hans Wülfing (Hg.):
I Himmelen
20 Skandinavische Chorstücke für 3-4 hohe Stimmen, deutsch und Originalsprache
Edition Peters

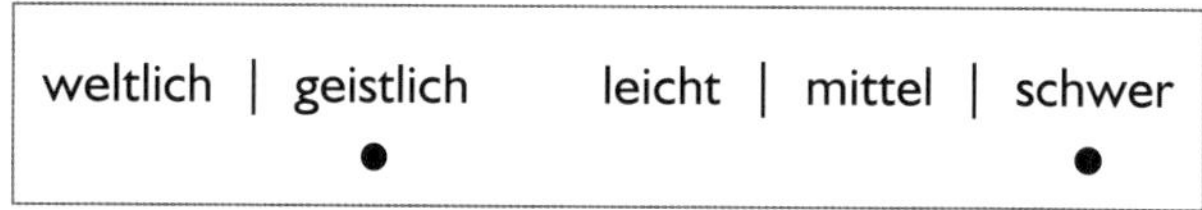

Begleitpublikationen zum Gebet- und Gesangbuch „Gotteslob", zum Beispiel:

Diözese Rottenburg-Stuttgart, Amt für Kirchenmusik (Hg.):
Band- und Chorbuch zum Gotteslob
Neues Geistliches Lied, Firmung
Strube Verlag

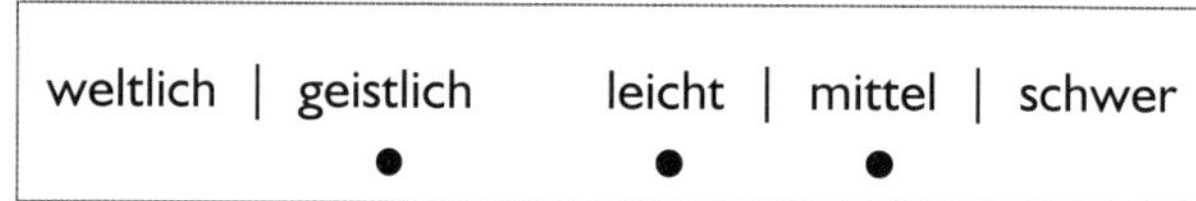

Richard Mailänder u. a. (Hg.):
Chorbuch zum Gotteslob
Ausgaben für SA, SSA oder SAM
Carus-Verlag

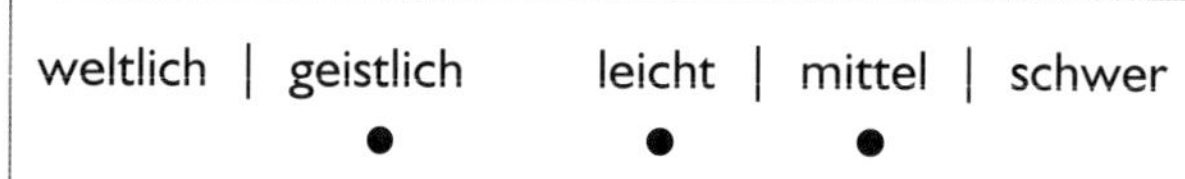

DIE AUTORIN

Eva-Maria Leeb (*1986)
ist als Dozentin für Chorleitung, Kinderchorleitung und Jugendchorleitung an der Hochschule für katholische Kirchenmusik und Musikpädagogik Regensburg (HfKM) sowie als Kirchenmusikerin für die Dompfarrei St. Ulrich Niedermünster in Regensburg bestellt.

Der Schwerpunkt Chorarbeit mit Kindern und Jugendlichen spiegelt sich in ihrer Arbeit unter anderem in Aufbau und Leitung der Mädchenkantorei der HfKM sowie in der Tätigkeit bei der Internationalen Stiftung zur Förderung von Kultur und Zivilisation wider.

www.evamarialeeb.de

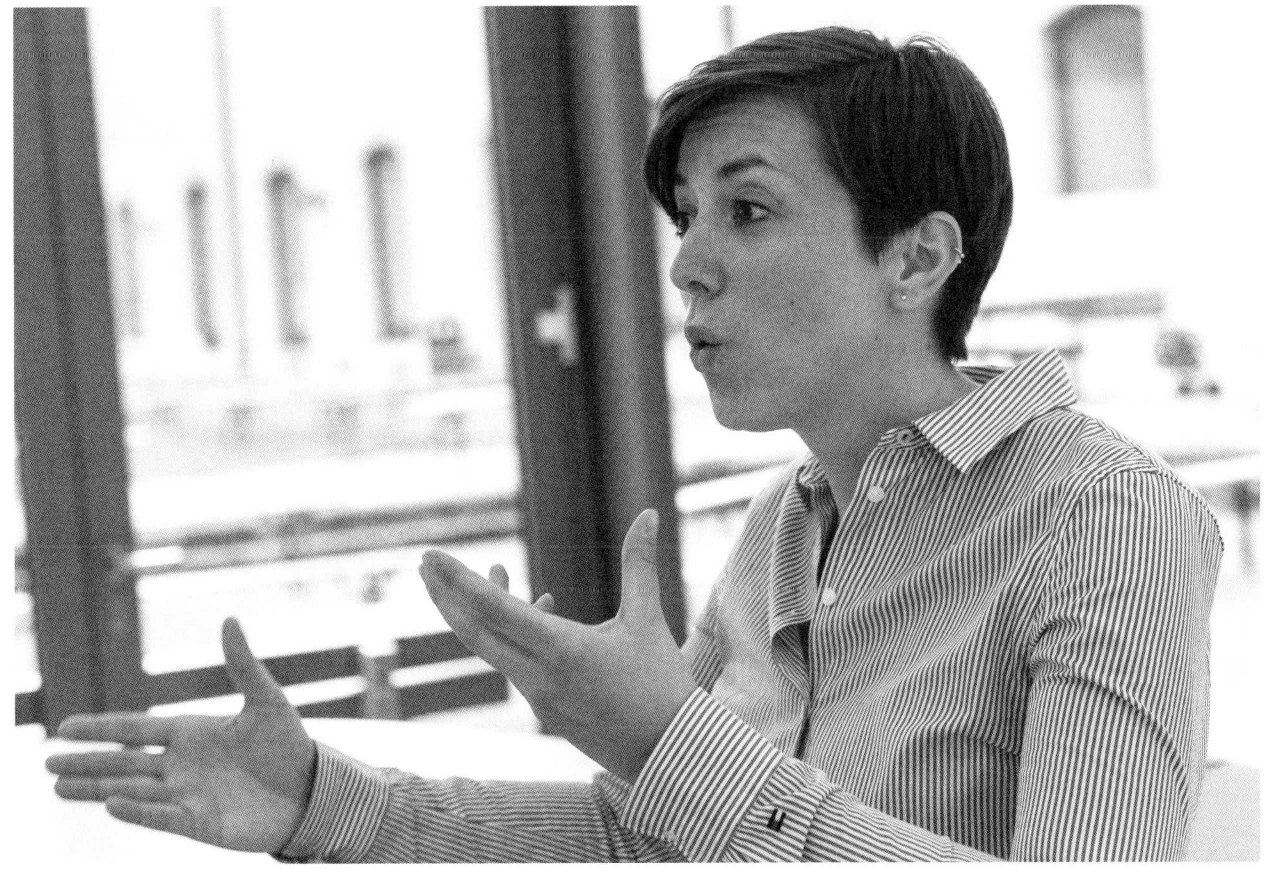

DEUTSCHER CHORVERBAND PUERI CANTORES e. V.

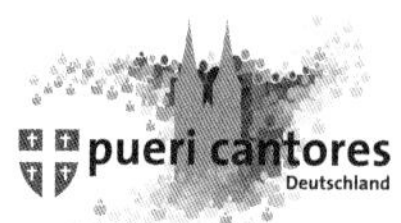

Der Deutsche Chorverband Pueri Cantores besteht seit 1951 und vereint aktuell 480 überwiegend katholische Mädchen-, Knaben-, Kinder- und Jugendchöre mit mehr als 20.000 Sängerinnen und Sängern. Gemäß dem Leitspruch der Pueri Cantores „Morgen werden alle Kinder den Frieden Gottes singen", steht neben dem Singen zum Lob Gottes auch der Einsatz für den Frieden im Fokus. Als Teil des internationalen Pueri Cantores Verbandes und somit einer weltweiten Bewegung, pflegen der deutsche Verband und seine Mitgliedschöre Partnerschaften in aller Welt. Pueri Cantores initiiert regelmäßig Chorfestivals und -tage auf lokaler, diözesaner und nationaler Ebene. Auch bei den Chorfahrten zu internationalen Pueri Cantores Festivals erfahren die Kinder und Jugendlichen Glaube, Musik und Freundschaft.

Die Arbeitsgruppe Musik erarbeitet Chorbücher im Rahmen der Festivals, stellt Literaturempfehlungen zusammen und gibt Notensammlungen heraus. Das Netzwerk von Pueri Cantores wird insbesondere durch die vielfältigen Aktivitäten der Diözesanverbände und den dortigen Austausch unter den Mitgliedschören lebendig. Sowohl seitens des Bundesverbandes als auch auf diözesaner Ebene werden Chorleiter/innen-Fortbildungen angeboten.

Eva-Maria Leeb ist als Referentin im Bereich Jugendchor auch in Fortbildungsformaten des Verbands tätig. Mit dem vorliegenden Buch schließt die Autorin eine bedeutende Lücke in der Fachliteratur: Gibt es zahlreiche Veröffentlichungen zum Thema Kinderchor und Chorleitung, wird der Bereich Jugendchor häufig ausgespart oder nur gestreift. Mit diesem Buch wird Chorleiter/innen eine Handreichung zu diesem wichtigen und komplexen Thema gegeben. Der Deutsche Chorverband Pueri Cantores unterstützt diese Veröffentlichung sehr gerne, da dadurch die Jugendchorarbeit gestärkt wird.

www.pueri-cantores.de